山極寿一
Juichi Yamagiwa

スマホを捨てたい子どもたち

野生に学ぶ「未知の時代」の生き方

ポプラ新書
184

まえがき――ぼくたちは進化しすぎたテクノロジーと
どう付き合ってゆけば幸せになれるのか

　この頃、大学生ばかりでなく、高校生や小中学生と話をすることが多くなりました。大学の総長として大学の経営に取り組むことが本務ですが、これから大学に入ってくる若い世代のことをもっと理解しないと、将来の大学像は描けないなと思ったからです。

　そこで、意外な反応がありました。ぼくが「スマホを使っている人は？」と聞くとほぼ全員が手を挙げるのですが、「スマホを捨てたいと思う人は？」と聞くと、結構多くの子どもたちが手を挙げるのです。生まれたときからインターネットがあり、スマホを身近に使って、ゲームや仲間との会話を楽しんでいるように見える若い世代も、スマホを持て余しつつあるのではないか、と感じたのです。

ぼくはといえば、ガラパゴスと言われる古い携帯電話をいつもカバンの中に入れて持ち歩き、かかってきても音が聞こえない状態になっています。でも、何度か携帯メールを読んで、連絡が必要な場合にはこちらから電話をします。それに、自分が必要なときにはちゃっかり携帯電話を使って連絡しているので、「自分の都合のいいときには電話をしてくるくせに、電話しても出ないなんてずるい」と文句を言われています。しかも、めったなことでは携帯電話の番号を教えないので、たぶん多くの人はぼくが携帯電話をもっていないと思っています。でも、オフィシャルなメールアドレスは伝えてあるので、用件はいつもメールにたまります。それを一日に何度か見れば、たいていの用事は済ませられます。自分勝手で、申し訳ないとは思いますが、携帯電話をオープンにしたらとても自分の時間をもてません。現代の情報化社会でそれがぼくの自分を守る方法なのです。

今では、電車に乗ると、ほとんどの人がスマホを眺めています。昔は本を読んでいたり、隣の人に気を使いながら新聞を広げている人もいたのになあ、と

子どもたちに向けて話をする機会も多い。このときは「ゴリラがスポーツをするとしたら何が得意か」という質問が出て、ぼくは「相撲やラグビー」と答えた

思います。通学や通勤の時間、身動きがとれない状態のとき、人は他人の邪魔にならないようなことをしたいと思います。昔はそれが読書や新聞でした。それがスマホに代わったのは、スマホがメディアにとって代わったからです。スマホを使えば、ニュースは読めるし、読書もできる。好きな音楽も聴けます。しかも、仲のいい友だちとも交信できる。世界とも仲間ともつながっているという感覚が保てます。それが実はスマホが普及した一番大きな理由なんじゃないかと思います。

でも、本当の意味で人々は世界とつながっているんだろうか。今、人々をつなげているのは情報です。情報を取り損ねたら、読み間違えたらつながりが切れてしまう。そういう不安に駆られて人々はスマホに頼ります。だけど、人々はそうしてつながっていることに安心感や充足感を覚えているんだろうか、と気になります。ぼくが子どもの頃は、よくわからないけど、社会や人間に対する信頼感がありました。世界は未知のことがたくさんあるけれど、きっと人間にとって豊かな未来が開けている、という希望にあふれていました。困っている人がいたら親身になって助けてあげよう、とみんなが思っていたし、何かトラブルがあればきっと誰かが助けてくれる、と信じていました。でも今は何か違う。困っている人を見ても、その人が誰か、困っている理由が何か、わからなければむやみに手を貸してはいけない、とまで言われるようになりました。自己実現が謳われる一方で、自己責任が問われる。自分の夢を叶えるためには他人を押しのけなければならないけれど、自分の能力が勝っていることを証明できれば許される。だから、小さい頃から自分の能力に目覚め、それを向上させることが社会における成功につながるとして競争に駆り立てられる。今の子どもたちにとって、世間は自分を守ってくれるものではなく、絶えず情報を得て自分を高めなければ、冷たく自分を捨てるように見えているのではないでしょうか。だから、つながれる人間は家族でも先生でもなく、自分と同じ境遇のわずかな仲間に限られてしまう。スマホという情報通信機器がかえって世界を閉じてしまう結果になっている。

だとすれば、ぼくたち人間にとってつながりとは何かということを原点に立ち返って考えてみなければならない、と思うようになりました。長らくゴリラの世界で暮らしたことで、ぼくには言葉を用いずにつながりをつくる経験があります。そして、人間の子どもの成長にとって、どんな動物にもない重要なつながりをつくる時期が二つあることもわかっています。それは、人間が生物としての特徴を持ちながら、人間独自の進化の道を歩んだ結果であり、人間のもつ高度な社会力の源泉です。スマホをはじめとする現代の情報通信機器は、その社会力を高めるために技術開発を重ねてきた成果であるのに、人間の能力を超えつつあるとぼくは思っています。それを実は子どもたちは気がついているのではないか。最近、ぼくの大学の学生たちが、「私たち、スマホ・ラマダンをやります」と言ってきました。うん、必要かもしれないな、とぼくも思います。スマホという便利な機器をいったん置いて、ぼくらは人間のどんな性質を見直すべきなのか。

それは、現代の人間だけを眺めてみてもよくわかりません。情報機器をもたない、いや言葉すらもたない動物の世界に立ち入って、彼らがどういうつながりをつくっているのかに目を凝らしてみなければ、人間的なつながりも見えてこないのです。ゴリラの国で暮らしたぼくの体験がきっと役に立つと思います。ぜひ、それをいっしょに味わってください。

二〇二〇年五月

山極寿一

スマホを捨てたい子どもたち／目次

第1章　スマホだけでつながるという不安――ゴリラ学者が感じる人間社会の変化

人間が安定的な信頼関係を保てる
集団のサイズは、人間の脳の大きさに見合った
150人規模のままです。

スマホでつながる人は何人？

スマホへの漠とした不安の正体は何なのか。この問いについて考える前に、まず、皆さんに質問をしたいと思います。

❶日常的におしゃべりする友だちは何人くらいいますか？
❷年賀状やSNS、メールで年始の挨拶を発信しようと思うとき、リストに頼らず、頭に浮かぶ人は何人くらいいますか？

いかがでしょう。ぼくが今まで学生などに聞いた限り、❶は10人くらい、❷は100人くらいまで、というのが標準的な答えです。これは、おそらく全国どこでも同じだと思います。

ぼくが、なぜこのような質問をしたかというと、今、「自分がつながっていると思っている人」の数と、「実際に信頼関係でつながることができている人」や「信頼をもってつながることができている人」の数の間にギャップが生まれているのではないか、そして、このギャップの大きさが、現代に生きる人たち、特に生まれたときからデジタルに囲まれた世界に生きる若者たちの不安につながっているのではないか、そう思うからです。

ラグビーチームの人数が15人である理由

人間は、進化の歴史を通じ、一貫して付き合う仲間の数を増やしてきました。これは、人間の祖先が熱帯雨林からサバンナという危険な場所に進出したことが関係しています。長い歴史のある時点において、おそらく地球規模の寒冷・乾燥化が起こり、それによって熱帯雨林が分断され、そこで暮らしていた動物たちはサバンナに出て行くか、森が残る山に登るか、低地に散在する熱帯雨林に残るかの選択を迫られたのでしょう。結果的に人間は熱帯雨林を出ました。

そこで、いくつかの特徴を発達させたのです。その一つが集団の大きさです。危険な場所では、集団の規模は大きいほうが有利です。数が多ければ、一人が狙われる確率は低くなるし、防衛力も増します。危険を察知する目がたくさんあれば、敵の発見効率も高まります。実際、森林ゾウとサバンナゾウでは、サバンナゾウのほうが、身体も大きく、集団規模も大きい。人間も、危機から自分の命、そして仲間の命を守るために、集団の規模を大きくしなければなりませんでした。

ただし、集団を大きくすると、食物や安全な休息場所をめぐってトラブルが増えます。仲間の性質や、自分との関係をきちんと頭に入れておかないとうまく対処できなくなります。そのためには脳を大きくする必要がありました。皆さんの中には、人間の脳は、言葉を使い始めたことで大きくなったと思っている人がいるかもしれませんが、人間が言葉を話し始めたのは7万年ほど前にすぎません。一方で、脳が大きくなり始めたのは、それよりずっと以前の約200万年前に遡《さかのぼ》ります。言葉を使ったから脳が大きくなったのではないのです。

人間の脳の大きさには、実は集団規模が関係しています。チンパンジーとの共通祖先から分かれた約700万年前から長らくの間、人間の脳は小さいままでした。この頃の集団サイズは10～20人くらいと推定されています。これは、ゴリラの平均的な集団サイズと同じ。言葉ではなく、身体の同調だけで、まるで一つの生き物のように動ける集団の大きさといえます。サッカーが11人、ラグビーが15人など、スポーツのチームを考えるとわかりやすいでしょう。これは、皆さんが、互いに信頼し合っておしゃべりをする友だちの数❶に当たります。200万年前、脳が大きくなり始めた頃の集団サイズの推定値は30〜50人程度。ちょうど先生一人でまとめられる一クラスの人数ですね。日常的に顔を合わせて暮らす仲間の数、誰かが何かを提案したら分裂せずにまとまって動ける集団の数です。

その後、人間の脳は急速に発達します。今から約60万〜40万年前には、ゴリラの3倍程度の1400ccに達し、現代人の脳の大きさになりました。そして、この大きさの脳に見合った集団のサイズが、100〜150人。これが❷に当たる数です。

真につながれる人の数の限界は150人？

これは、ロビン・ダンバーというイギリスの人類学者が、人間以外の霊長類の脳の大きさと、その種の平均的な集団サイズの相関関係から導き出した仮説に基づく数字です。ダンバーは、平均的な集団サイズが大きければ大きいほど、脳に占める大脳新皮質、つまり知覚、思考、記憶を司《つかさど》る部分の割合が大きいことを明らかにしました。

そして、現代人の脳の大きさに見合った集団の人数を示す、この「150」という数字は、実に面白い数字であることがわかりました。文化人類学者の間で「マジックナンバー」といわれているのはそのためです。

食料生産、つまり農耕牧畜を始める前まで、人間は、この150人くらいの規模の集団で狩猟採集生活を送っていました。天の恵みである自然の食物を探しながら移動生活をする人々には、土地に執着したり、多くの物を個人で所有したりといったことがありません。限られた食料をみんなで分け合い、平等な関係を保って協力し合いながら移動生活を送るためには、150人が限度なのでしょう。そして、現代でも、このような食料生産をしない狩猟採集民の暮らしをしている村の平均サイズが、実に150人程度なのです。

言い換えれば、150人というのは、昔も今も、人間が安定的な関係を保てる人数の上限だということです。皆さんの生活でいえば、一緒に何かを経験し、喜怒哀楽を共にした記憶でつながっている人ということになるでしょうか。ぼくにとっては、年賀状を出そうと思ったとき、リストを見ずに思いつく人の数がちょうどこのくらいです。互いに顔がわかって、自分がトラブルを抱えたときに、疑いもなく力になってくれると自分が思っている人の数ともいえます。

つながる人は増えたのに脳の大きさは変わらない

今、ぼくたちを取り巻く環境はものすごいスピードで変化しています。人類はこれまで、農耕牧畜を始めた約1万2000年前の農業革命、18世紀の産業革命、そして現代の情報革命と、大きな文明の転換点を経験してきました。そして、その間隔はどんどん短くなっています。農業革命から産業革命までは1

万年以上の年月があったのに、次の情報革命まではわずか数百年。この四半世紀の変化の激しさを考えれば、次の革命まではほんの数十年かもしれません。その中心にあるのがＩＣＴ（Information and Communication Technology＝情報通信技術）です。インターネットでつながるようになった人間の数は、狩猟採集民だった時代からは想像もできないくらい膨大になりました。

一方で、人間の脳は大きくなっていません。つまり、インターネットを通じてつながれる人数は劇的に増えたのに、人間が安定的な信頼関係を保てる集団のサイズ、信頼できる仲間の数は１５０人規模のままだということです。テクノロジーが発達して、見知らぬ大勢の人たちとつながれるようになった人間は、そのことに気づかず、ＡＩを駆使すればどんどん集団規模は拡大できるという幻想に取り憑《つ》かれている。こうした誤解や幻想が、意識のギャップや不安を生んでいるのではないか。ぼくはそう考えています。そして、子どもたちの漠とした不安も、このギャップからきているのではないでしょうか。

信頼は「同調」からしか生まれない

人間はこれまで、同じ時間を共有し、「同調する」ことによって信頼関係をつくり、それをもとに社会を機能させてきました。「同調する」というのは、たとえば、ダンスを踊ったり歌を歌ったり、スポーツをしたり、あるいは一緒に掃除をしたり、同じように身体を動かしたり調子を合わせたりしながら共同作業をするということです。

次章以降で詳しく説明しますが、人間のコミュニケーションにおいて大事なのは、時を共有して同調することであり、信頼はそこにしか生まれません。母と子が、何の疑いもなく信頼関係を結べるのは、もともと一体化していたからです。胎児のときは、お母さんの動きを直に感じとっています。そのつながりは、その後、赤ちゃんとして母親の身体の外に出た後、へその緒を切っても残ります。

そして、そのつながりを、音楽や音声、あるいは一緒に何かをするという形で継続しているのが家族や仲間などの共同体です。こうした共同体がもつ文化の底流には、同じような服を着たり、同じテーブルを囲んで食事をしたり、同じような歌を歌ったり、同じような作法を共有したりといった、身体を同調させる仕掛けが埋め込まれています。人々はそれを日々感じることで、疑いをもつことなく信頼関係をつくり上げています。信頼は、こうした継続的な同調作用がなければつくれません。

サルやゴリラは身体でつながる

人間と共通の祖先をもつサルやゴリラを見てもそれはよくわかります。彼らは身体的なつながりで群れをつくっています。これは必ずしも、文字通り「身体を接触させる」ということではなく、日々、お互いの存在を感じ合うことで、仲間として認識するということです。挨拶を欠かさないのもその一つ。ニホンザルであれば、親しい者同士、グルーミング（毛づくろい）をする。一方で、二数日間群れを離れるなどしていったん身体的なつながりが切れてしまうと、二度と群れの仲間と認識しなくなります。群れのトップに君臨していたニホンザルであっても、群れを離れれば二度と同じ地位には戻れません。オスの最下位に甘んじて、いじめられることになります。言葉をもっていない彼らは、こうした日々の活動を通して、「身体がつながりあっている」という感覚を明確にもちます。

一方、言葉をもった人間は、言葉で表現しなければ納得できなくなっています。すでに述べたように、脳の発達には、集団サイズが関係しています。おそらく人の移動が頻繁になり、集団が分裂や統合を繰り返して150人を超える集団が生まれるなどしたときに、言葉を使った情報処理能力が必要になり始めたのでしょう。言葉をもったからこそ、農耕牧畜が始まって以降、多くの集団が統合されて民族や宗教の大集団が生まれ、数々の王朝や国家などといった規模にまで拡大したのです。

しかし、言葉で表現できるものはごく一部にすぎず、言葉だけで信頼関係をつくることはできません。だから、**頭の中では言葉を通じて仲間とつながっていても、身体がつながっている感覚が得られない。**逆にいえば、身体でのつながりを得ていないために、言葉にこだわってしまう。「そもそも言葉と身体は一致することがないものである」ということを理解できずに、一致を求めてさまようようになりました。

言葉をもったからこそ集団サイズを大きくできた一方で、その言葉によって、お互いがつながっているという感覚をもつことが難しくなってしまったのです。

インターネットが担うのは継続性だけ

さらに、情報通信技術の発達によって、継続的な身体のつながりで社会をつくるという、人類が何百万年もかけてつくり上げてきた方法が崩壊しかけています。一人一人の人間が、家族や地域などのコミュニティから引きはがされてバラバラになったことで、これまで信頼関係で結ばれてきた共同体が機能しなくなっている。インターネットは、継続性だけは保証しました。インターネットで情報を交換し合っていれば、絶えずつながっていると思うことは可能だからです。ライン、ツイッターといったツールを通じて、時間や空間を軽々と超えて常時つながっている感覚を得るようになりました。でも、それは言葉をはじめとする「シンボル」を通じてつながっているだけで、身体がつなぎ合わされているわけではありません。

スマホを通じたコミュニケーションでは、ダンスによる同調のように、同時に行うこと、同時に感じることができません。スマホの動画の中で人が動いていたとしても、それは記録されたものであって生身の動きではありません。たとえそれがライブであったとしても、自分の都合で止めることができます。記録されたものは、逆に延々とリピートすることもできます。それは、自分だけの時間だからです。

一方、リアルな社会は現在進行形がずっと続いていて、振り出しに戻ることができません。現実というのは、自分の時間であるとともに相手の時間でもあります。そのため、「時間を共有している」という感覚は自分だけの都合で続けることはできません。いつか終わります。

若い世代は適応能力が高い、だから恐い

身体をつなぎ合わせるためのイベントとして祭りなどがあるものの、これは一過性のものです。イベント志向の強い現代ではスポーツの大会やコンサートが各地で開催されますが、そこでいっしょに騒いでもそのつながりはその場限りです。共同体を継続させる大きな効果はもちません。その欠陥を埋めるために、SNSがもてはやされているわけですが、それらは決して身体をつなぐ代替にはなっておらず、逆に疎外感をつくる結果となっています。

しかし、インターネットでつながることに慣れると、肌で接している現実の世界の自分より、スマホの中にいる自分のほうがリアリティをもつものになってしまう可能性があります。なぜなら、現実はなかなか自分の意図するようにはならないからです。思い通りにするには他者と交渉しなくてはいけない。そこでは他者からプレッシャーをかけられて泣くこともあるでしょう。こんな厄介な現実世界より、自分の思い通りになるほうが、居心地がいい。スマホの世界は、面白くなければやめればいいし、振り出しに戻って繰り返すことだって

できます。こういう世界に慣れると、どうしても現実よりスマホの世界にいたくなる。

人間は、適応能力の高い動物です。それでも大人はある程度完成されているので、身体や心を適応させるのが難しい面がありますが、若い人たちの適応能力は非常に高い。とりわけ子どもたちの適応能力の高さには目を見張るものがあります。スマホでのやりとりにもすぐに適応してしまう。生まれたときからスマホが身近にある子どもたちは、自分が操作できるスマホの世界がリアルになり、スマホ以外の現実が二の次になってしまう可能性がある。ここにこそぼくの不安があります。

スマホを通して均質化する人間たち

本来、人間は「互いに違う」ということを前提に、違うからこそお互いに協力し、異なる能力を合わせながら、一人一人の力ではなし得ないことを実現してきました。そのために、人間は他者とのつながりを拡大するように進化してきたわけです。人間同士が尊重し合うことの前提にあるのは、相手を100%理解することではなく、「相手のことはわからない」という認識です。わからないからこそ知りたいと思うわけで、極端なことをいえば、わかってしまったら、もう知る必要はありません。自分と同じようにできていて、自分と同じ心をもっていると思えば、何もその人と付き合う必要はなく、自分だけを拡張していけばいいからです。

しかし、ICTやAI（Artificial Intelligence＝人工知能）は、個人を拡張する方向に進んでいて、異なるもの同士がつながり合って新しいことを生み出すことを目指していないように思います。インターネットは、「同じである」ことを前提として付き合うバーチャルな空間です。相手も自分も同じように行動することを前提につながっている。

生身の人間の触れ合いより、ネット上の世界に重きを置いていると、人間同士の付き合いが、「お互いに違う」ことを前提としているということがわからなくなります。スマホなど、非常に便利と思われるコミュニケーションツールによって、本来違うはずの人間が均質化する方向に誘導されている。

これが、現代に闇をもたらしている正体ではないでしょうか。

世界のあらゆるものが数値化されることによって相対的に評価されるようになる中、人間も、生身の身体ではなく、デジタル情報に置き換えられて評価されるようになってきました。たとえば中国では、ある企業が人間の点数化を始めています。高級な家に住んだり、社会的に高い地位についたり、高級なレストランや店に行って食事や買い物をしたりすれば点数が上がる。そして、その点数が近い人同士は相性がいい、あるいは、自分より点数の高い人を友だちとして選んだほうが自分の利益になるといった考えのもと、点数を基準に友だち選びをする人たちが登場しています。こうして直につながりのないものへの情報による評価が、信頼のツールになり始めています。

人間は数値で好きになったりしない

人間は、もともと自分で自分を定義することができません。ゴリラやチンパンジーとの共通の祖先だった時代から、他者の目によって自分を評価したり意識したりする生き物でした。人間は強い共感力をもっているために、相手から期待されていることを感じ取れるからです。そう考えれば、進化のプロセスを経て、人間の社会が情報化時代に至ったことは理解できます。そのほうが、評価がわかりやすい。

でも、人間は不確かなものです。人間は、数値を見て、好きになったり、嫌いになったりするわけではなく、相手と直接会ってその具体的な姿や行動や表現などを見て、どこかに憧れたり、どこかで拒否したり、共感したりする。王子さまが、貧しい家に生まれた女の子に心を動かされ、身分をわきまえずに結婚するシンデレラ物語のようなことは、おとぎ話の中だけではなく現実にも起こります。

人間と人間との出会いや関係は、決して予測できるものではなく、どういうところで火花が散るかわかりません。それは、人間はそれぞれ、予測がつかないような中身をもっているからです。どう表現されるかは、その時々によって変わり、それを他者は、数値でなく直観で判断します。人間と自然の出会いも、人間と動物の出会いも、動物同士の出会いも同じ。そこで新たな関係が生まれ、別の出来事によってその関係が壊れ、あるいは関係が持続されたり強化されたりする。そこで起こることを100％予測することはできません。だからこそ人間と動物の出会い、人間同士の関係は面白いのです。

この面白さこそが、生きる意欲につながる。そう考えれば、今、人間が見失っているのは、生きる意味だと言えるかもしれません。

哲学は生物学と情報学に乗っ取られた

なぜ自分はこの世に生まれ、なぜ生き続けているのか。もともと、この問いを考えるのは哲学の役割でした。哲学は、世界をわかりやすく解釈すること、そして、生きる意味を教えること、という二つの使命を負っていました。しかし、社会の大きな変化により、哲学は二つの学問に乗っ取られてしまいます。

20世紀、哲学は生物学にその地位を譲り渡しました。それまで、人間はほかの生物とは異なる特別な存在であると考えられていました。自然を支配し、管理する権利を神から与えられ、神の姿に似せてつくられた存在だとされていたのです。それが、生物学の登場によって、人間もほかの生物と同じようにDNAという遺伝子によってつくられていることが明らかになりました。つまり人間をつくるのも遺伝情報であり、その情報をいじれば、病気など、人間の抱えている問題は解決でき、身体や性格さえも意のままに変えられるという予測が成り立つようになったのです。

その予測は、まず栽培植物と家畜という形で現実になりました。今、地球の全陸地に占める牧草地、放牧地、農耕地の割合は36％に達しています。そして地球上に生きている哺乳動物の9割以上は人間と家畜です。人間と、人間が手をかけてつくり上げた動物が地球上の哺乳類のほとんどを占めてしまった。今は海の魚にまで人間が手を加えています。このまま行くと、人間の手にかからない生命はなくなってしまうかもしれません。それほどまでに生命をつくり変えた人間は、さらに自分自身も遺伝子編集や遺伝子組み換えによってつくり変えようとしています。神経細胞の間をつなぐインパルス（電流）によって、記憶も思考もすべて解釈できる。心も脳の中にある。生物学はそう断じたわけです。

こうして哲学を乗っ取った生物学は、やがて情報学に乗っ取られます。情報であるＤＮＡを操作すれば、有機物であれ無機物であれ、あらゆるものをつくり出すことができる。生物も、遺伝的アルゴリズムでできた情報の塊です。人間も同じ。遺伝的アルゴリズムを解釈すれば、いくらでも情報は書き換えることができる。情報として捉えれば、世界の在り方もすべて数学的に解釈ができるわけです。こうして、哲学が人間を定義し、人間の生きる意味を考える時代は終わりました。

「好き」を理解しようとしている人間たち

生物学を乗っ取った情報学は、人間を知能偏重に変えました。情報学が扱うのは、人間がもつ二つの能力、知能と意識のうちの知能の部分だけです。大脳辺縁系が司る意識の部分は切り捨て、情報になる部分、つまり大脳新皮質が司る知能だけで解決していこうというのが今の情報革命の中心理念だからです。AIも、知能だけを拡張したものであって、感情や意識の部分はもっていません。**人間は、感情や意識を忘れ、知能に偏り始めたことで、本来、決してわかるはずのない「好き嫌い」や「共感」、「信頼」といった感情を、情報として「理解」しようとするようになりました。**

かつて人間は、そんなことに悩む必要はなく、意識に従順であり続けられました。意識や感情は本来すごく曖昧なもので、波のように寄せたり引いたり、霧や雲のように消えたり現れたりします。「好き」という感情を細かな要素に分析しなさいといわれてもできるものではないでしょう。それは、知能でわかるものではなく、感じることだからです。犬や猫を飼っている人は、考えてみてください。**ペットの犬をかわいいと思う気持ちは、いくら分析してもわかりません。**自分にすり寄ってくる犬の感情は、尻尾を振ったり吠《ほ》えたりする様子を見れば感じとれますが、何がその感情を呼び起こしたのか明確に分析することは不可能です。もしかしたら人間の1000倍以上の嗅覚で、人間が無意識のうちに発している匂いを感じとってそれに反応しているのかもしれませんが、それはわかりません。確かなのは、お互いにそういう感情が湧いたという事実です。五感の異なる動物と100%わかり合おうというのは無理なことです。それでも、飼い主として一緒に暮らしていれば、彼らが何をしたいのか、わかることも多いですよね。曖昧なものを曖昧なままで了解し合うのが動物たち、特に異種間のコミュニケーションなのです。それで両者に不自由はありません。

こうしたペットとの関係を、かつて人間は人間同士でも結んできました。相手の心を明確に知ることはできないけれど、了解できるものはある。その了解できるものが自分と相手の間に横たわっているからこそ信頼関係が生まれます。信頼関係をつくるのは言葉ではありません。言葉は代替物であって、信頼関係へのリアルな架け橋になるのは、それ以外の五感の中、正しくは、五感を感じられる身体の中にあります。それを、言葉でうまく代替して空間を広げるのが人間的な社会のつくり方であって、その際、**身体が感じた「曖昧なもの」は曖**

味なままにしておいていいのです。

ぼくたちは、そういう世界にずっと生きてきました。そこで幸福やら喜びやらを抱き、一方で憎しみや嫉妬といった負の感情を、他者の助けも借りて解決してきた。それが人間の社会性だったわけです。

人間は情報化することでバカになった

情報学に乗っ取られてから、人間はどんどん分析的になり、すべてを情報化しなくては気が済まなくなりました。人間は、感じたことで衝動づけられたり助け合ったりします。あるいは、食卓を囲んで楽しい思いをしたり、踊って興奮したりする。こうした感性の部分は情報化できません。たとえ情報に還元したところで、表面的な情報にしかならないでしょう。そして今、「わかろうとすることがわからないことにつながる」という矛盾が生じています。情報化するということは、わからないことを無視するということです。それは、隠されているものを捨てていく作業だからです。人間は、情報化することで逆にバカになってしまいました。

共感というのは「相手の気持ちがわかる」ことです。それを、「相手を理解すること」だと誤解している人たちが、多いように思います。相手を「理解」するのではなく、ただ「了解」することが、互いの信頼関係を育んだり、好きになったりする架け橋になるということがわからない。同調する能力があるにもかかわらず、それがお互いの信頼関係を育んだりすることもわからない。さらには、他者の自分に対する感情や、他者に対する自分の感情が、「好き」という言葉で表される感情に匹敵するものかどうなのかも判断できないのです。

その不安が、身近な人への過度なこだわりや要求となり、それがいじめや嫉妬、暴力につながっているのではないでしょうか。実際には生み出されていない信頼を、一番近くにいる仲間に過剰に求めるがゆえに起きている不幸な事件も多いのではないかと思います。

入りやすく抜けやすいネットの社会

ぼくたちが直面している社会の情報化は、ＡＩの進歩によって、どんどん加速するでしょう。

ＩＣＴのネットワークには中心がありません。これは、一面を見れば利点です。誰かを中心に線や面でつながるリアルな世界では、その中心の人物に従わなくてはいけないというプレッシャーを受け、それがしがらみとなります。だから人を介してグループに入ると、簡単に抜けられなくなりますね。紹介してくれた人のメンツをつぶしたくないので、抜けるからにはけじめをつけなくてはいけなくなります。一方、点と点でつながるインターネット上のつながりであれば、点をつくり、点を消せばいいだけですから、入りやすいし抜けやすい。すべてバーチャルな場で行われるので楽でいい。いろいろなコミュニティなりグループなりが雨後の筍のように現れ、一人がいくつもの集団に属することも簡単です。「点である自分」は身体をもっていないので、いろいろなものに扮することもできます。考えようによっては、自分をマルチに表現できるわけですから、可能性を広げることもできるでしょう。

しかし、中心がないから入りやすく抜けやすいというネットワークの利便性は、中心がないからリーダーができずに意見を集約できず、すぐに炎上するという欠点にもなります。誰もがリーダーになることができるし、誰もが誰かをリーダーにさせないことができる。そうすると、結局何も行動に移せないまま、バーチャルな空間に点として浮かんでいるだけになってしまいます。他者とつながっている感覚も失われていきます。利便性を追求すればするほど自分の自由度は増すかもしれませんが、自分がこれからしようとしている行動を誰も見守っていないし、期待もしていない。そんな状況に陥る可能性もあります。

自分が何者か確信のもてない時代

こういう時代は、確信がもちにくく、自分というものがわからなくなります。

特に子ども時代に「自分は世界に受け入れられている」という思いを抱けなかった人ほど、インターネット上で必死に自己実現を図ろうとしています。フェイスブックで「いいね！」を押してもらおうと、荒っぽいことをするのもそのためでしょう。自分がやっていることを他者に認めてもらいたい、注目してもらいたいと思うからです。自分というストーリーの中で生きようとすれば、他者を巻き込まなければ完結しません。だから、他者を強引に自分のストーリーの中に入れることのできるインターネットは都合がいいのです。

　自分本位のインターネットの世界は、言葉を手に入れ、フィクションの中で生きるようになった人間が行き着いた場所です。人間は、フィクションによって自分を認めてもらう方式をつくり出したわけです。そうして、フェイスブックやライン、ツイッターを駆使して、どこかで他人とつながろうとする。でも、身体のつながりなくして、本当につながることはできません。

　自分のやっていることを他者に認めてもらいたい、注目してもらいたいという願望をもち続けてきたからこそ、人間はその進化の過程で付き合う仲間の数を増やそうとしてきました。しかし、真につながれる数は150人のまま増やせてはいないのです。今後、技術が進歩して、インターネットを通じて身体がつなぎ合わされている感覚を何らかの手段でつくることができれば、それはすごいことだと思います。でも今のところ、それは望めそうにありません。

AI時代を幸福に生きるには

情報技術によって利便性が高まった生活自体をもとに戻すことはできません。未来の社会を考えたとき、ICTやAIは受け入れざるを得ないでしょう。付き合う人数を増加させるというICTの進化の方向は、人類の進化と同じです。そこにあるのは、付き合う人の数を増やし、仲間の範囲を広げれば、ビジネスチャンスは増すし、知識も増える、自分の可能性も広がる、という考えです。しかし、人間が共感によってつながる人の数には限界がある。感情を置き去りにして「脳」だけでつながる人間の数を増やせば増やすほど、身体のつながりが失われ、人間は孤独を感じるようになります。ぼくたちは、コミュニティの規模に応じて、適切なコミュニケーションツールやルールを使い分けなくてはいけません。本当に信頼できる人とのつながりをつくるには、時間と空間を共有し、五感を使った付き合いをする必要があります。

それは、生物としての人間が、そういう付き合いをして進化をしてきたからです。その進化の跡は、今の人間社会のいろいろなところに、気がつかないまま埋め込まれています。大事なのは、人間は「生物として」進化してきたことを自覚し、生物としての人間の幸福な在り方、生き方を考え、現代文明と付き合っていくことです。ほかの動物に見習うべきところはあるかもしれませんが、見つめるべきは人間独自の生物的な部分です。今、その大事な人間の特性がないがしろにされている。だから、**人間は人間らしさを失いかけているし、つらい状況にも陥っているのです。**

では、人間の生物的な特性とはいったい何なのか。

ぼくがこれまで、ニホンザルやゴリラの研究を通して知ろうとしてきたのは、まさに「人間」についてでした。次章では、彼らとの暮らしの中で見えてきた、人間という不思議な生物についてお話ししましょう。

第2章　ぼくはこうしてゴリラになった——生物としての人間を知るために

クマやサル、カモシカといった野生動物が
闊歩《かっぽ》する大自然の中で、人間が
小さな存在であることにも気づきます。

憧れのドリトル先生

ぼくが子どもの頃、動物は常に我々の身近にいて何かを語りかけてくる存在でした。当時住んでいた東京都国立市にはまだ自然が残っていて、庭にはたくさんの鳥が舞い降り、山に行けばキツネやタヌキと出会い、シカの足跡を見つけることもありました。ヘビも捕まえたし、昆虫採集もした。川ではフナやコイを釣り、ドジョウをすくったりもしました。東京といえども、そこには自然と同調した生活があったのです。

こうして毎日のように自然と触れ合いながら遊ぶ中でぼくが漠然と感じていたのは、動物は、ある種のコミュニケーションの方法をもっているのではないか、ということです。「言葉」というと大げさかもしれませんが、何かしらの方法で意思疎通をしている。そう感じていたのです。

ただ、小学生ともなると、言葉を駆使していろいろな世界を知るようになります。成長とともに、人間同士の間でしか通じない言葉の世界に染まっていく。身近にいろいろな動物はいるけれど、動物とは言葉が通じません。動物が語りかけてくる言葉を知りたい、動物と動物の方法でコミュニケーションしたいという気持ちをもちながら、人間の言葉で世界を理解することが当たり前になっていきました。

そんなところに登場したのがドリトル先生の物語です。この楽しい物語の中で、動物は動物の言葉で話し、ドリトル先生は、「ポリネシア」という名の長寿のオウムに動物たちの言葉を習い、アヒルやイヌ、ブタ、ウマ、サルなどさまざまな動物と会話をします。動物と話ができることは、ぼくたち子どもにとってはこの上なく魅力的でした。

ただ、ドリトル先生は、動物の言葉を人間の言葉に翻訳する手段をもっていただけで、動物の流儀を学んだわけではありません。人間の世界からは出ていませんでした。動物同士のコミュニケーションを知るには、動物の世界に入らなくてはいけない。そう気づいたのは、ドリトル先生との出会いからだいぶ後、大学でサル学という学問に出会ってからです。

文明をもつ前の人間の暮らしが知りたい

高校時代からぼくは、人間の社会という目に見えないものにも強い興味を抱くようになっていました。しかし、当時は、学生が政治に参加して主張する時代で、自分もその渦の中に巻き込まれていましたから、現在や近過去の社会のことしか頭にありません。動物の行動や社会を研究することが人間のことを理解することにつながるなどとは思いもしませんでした。

ところが、大学に入って、勉強するだけでなく、日本各地を旅行し、いろいろな人と付き合うようになり、自由な考えができるようになると、世界を少し別の角度から見られるようになります。スキー部に所属していたぼくは、信州のうっそうとした樹林でノルディックスキーをして、東京の自然とはまったく違う自然があることも知りました。クマやサル、カモシカといった野生動物が闊歩《かっぽ》する大自然の中で、人間が小さな存在であることにも気づきます。「そうか、人間が自然の中でいちばん偉いわけではなく、いろいろな動物の中で、人間として進化してきた動物の一種にすぎないんだ」ということがわかってきたのです。

人間がほかの動物と異なるのは、文化をもっていることです。ただ、人間は初めから文化をもっていたわけでも、初めから言葉を話していたわけでもありません。文化をもつ、あるいは言葉を話す以前の姿があったはずです。では、どのような姿を経て今の人間になったのか。

当時、明らかになっていた人間の歴史は、その長い進化史から見れば、とても短い時間です。文字ができてからはせいぜい数千年。その前に言葉を話していた時代があったとしても、それほど古くまでは遡らないでしょう。それに対して、人類の古い化石の年代は700万年前に遡ります。その頃の人間は、いったい何をして暮らしていたのか。ぼくはその社会の在り方が知りたくなりました。

サルを知れば人間がわかる？　これはおもろい！

かつての社会を知るのに、いちばん手っ取り早いのは、タイムマシンで過去に行くことです。でも、それは現代の技術では不可能です。化石を調べ、昔の人間の姿形を復元しながら、そこから行動や社会を推測していく方法もありますが、これはひどくまどろっこしい。それに、骨や化石からは想像しえないものも少なくありません。化石には心も行動も残りません。骨から髪の毛の色や肌の色などを類推することもできません。化石から類推するには限界があります。

残された方法は、進化史的、系統的に近い種から類推する方法です。人間に近い動物といえば、ゴリラやオランウータン、チンパンジーなどの類人猿とサルです。人間が何を食べていたのか、どれくらいの範囲を歩いていたのか、どれくらいの規模の群れをつくり、その中でどのような付き合いをしていたのか。人間がまだ言葉をしゃべらずに社会をつくっていた頃のことを、サルやほかの霊長類の観察や研究を通して想像し、化石に残らない社会や心、行動を再現して、人間の由来を探るのです。

日本にはサルがいます。昔に遡ってみれば、人間はサルと同じような姿形をしていた可能性は高い。現代のサルを観察し、研究することは、人間を知る上で大きなヒントになるはず。これが、サル学の発想でした。**現代に生きているサルを知ることが人間を知る近道である**と大学で教えられ、「これはおもろい！」と思いました。

言葉をもたないサルも社会をもつ

社会は目に見えません。会社や学校、家族、サークルなど、人にはそれぞれの場所に仲間がいますが、社屋や校舎、家、集会所などの場所はあっても、人のつながりは目に見えません。あの人はこのグループには入っていない、彼らは師弟関係だ、というように、お互いに了解できている者同士の間に社会という感覚が持続するだけです。でも、人間同士がなんらかのネットワークをつくっているように感じているから、それが社会というものとして感じられるわけです。サル学ではこうした「社会」をサルももっていると考え、それを導き出します。

言葉をもたないサルがお互い何かを感じ合い、それをもとに、われわれがいう「社会」のようなものをつくっているに違いないとする考えは、実は日本の学者が発想したものでした。サルだけでなく、「人間以外の生物はすべて社会といわれるものをもっている」と最初に主張したのは、ぼくの師匠、伊谷《いたに》純一郎《じゅんいちろう》さんのそのまた師匠である今西錦司《いまにしきんじ》さんです。

これは、社会は言葉によってつくられているとする西洋的な発想からは思いつかない考え方でした。西洋の学者は、人間は意識をもち、自分が自分であって相手と違うことをわかっていて、言葉を使って交流しながら人間関係をつくっている、と考えていたからです。ところが今西さんは、まとまりをもっているように見えるものだけが社会ではなく、一見バラバラに見えるものでも、お互いが何らかの形でコミュニケーションをとっていれば、たとえ虫であっても、トカゲであっても、すべて社会をもっていると言ったのです。その後、今西さんは研究を重ねる中でサルに注目、学生たちを集めて1948年に霊長類研究グループを立ち上げました。

日本のサル学が世界へ

動物が社会をもっていることを最初に証明したのは伊谷さんでした。大分県の高崎山でニホンザルの研究を始め、そこに見事な社会構造があることを発見して『高崎山のサル』という本にまとめました。伊谷さんがとった方法は、一頭一頭個体識別をして名前をつけて、サルたちが日々何をしているかを逐一記録して回る、というものです。長期の観察によって、サルたちはそれぞれの仲間を見分け、相手によって違う行動をとっていること、そしてその関係が時間の経過とともに変わり、それによって社会が変わっていくこともわかりました。

それまで西洋の学者たちは、サルに名前をつけるなどということをしていませんでした。動物はお互い同士を見分けているわけはないから、名前などをつける必要はなく、せいぜいつけても番号だという考えだったのです。それが、日本の研究者たちによって、社会を知るには、個体を識別し、長期にわたって連続して観察することが不可欠であることが示され、この日本メソッドがやがて世界の常識になりました。

１９８０年代以降、欧米でも「なぜ人間以外の霊長類が群れをつくるのか」が大きな研究テーマになり始めます。哺乳類も群れをつくりますが、霊長類と霊長類以外の哺乳類の群れのつくり方は明らかに違うことがわかってきたからです。

霊長類はいろいろな群れをつくります。オスとメスが一対一のペアもあれば、ゴリラのように一頭のおとなのオスと複数のメスでつくる群れもある。チンパンジーのように複数のオスと複数のメスが集まった大きな群れもあれば、ゲラダヒヒのように小さな群れがいくつも寄り集まって何百頭という大群をつくるものもあります。さらに、オランウータンのように単独で暮らす霊長類もある。このように多様性に富んだ霊長類の社会性がいったい何に基づいているのかということは、世界中の霊長類学者の興味をそそりました。

人間の言葉に翻訳せずに動物を理解する

これこそぼくがずっと抱いてきた「社会とは何か」という疑問に解を与えて

くれる学問でした。こうしてぼくもサル学の世界に身を投じます。このとき、小学校時代に抱いた「動物と話をする」という夢も復活しました。

ただし、サル学で採用したのは、ドリトル先生とは異なる方法です。それはつまり、サルのやっていることを人間の言葉に翻訳して理解するのではなく、サルがやっていることをサルとして理解すること。「君たちは、サルになり代わってサルの日々の生活を記録し、その歴史を編みなさい」。これは今西さんの有名な言葉ですが、大切なのは「サルになり代わって」の部分です。要するに、人間の立場のまま人間の目でサルの生活を眺め、それを記録するのではダメだということ。サルの群れの中に、群れの一員として入って、サルたちのやり取りを眺めることが大切なのです。

幸いなことに、人間とサルの五感はほとんど同じです。実は、これはとても重要なことで、人間が使っている視覚、聴覚、嗅覚、味覚、触覚という五つの感覚は、鳥や魚、爬虫類《はちゅうるい》、昆虫などとはまったく違います。霊長類以外の哺乳類とも違う。たとえば、イヌには色の見分けがつきません。ところが、サルは人間と同じ色彩感覚をもち、色を見分けるほか、目が前方についているので立体視もできます。

このように同じ感覚をもったサルたちが人間と異なる生活をしている。そこには何かがある。その何かを調べるためには、自然やサル同士の関係など、彼らが五感で感じ取っているものをきちんと自分の目で見て、耳で聞き、鼻で感じ、舌で確かめ、体で感じるのが大事なのです。そう心得てぼくはフィールドワークに臨みました。

フィールドワーク心得その１　動物になりきる

フィールドワークには四つの心得があります。

一つ目は、動物になりきること。それは人間であることを忘れる、ということです。二つ目は動物の感覚で自然を捉えること。三つ目はその動物と会話をして気持ちを通じ合わせること。そして四つ目がそこに降ってわいてくる新しい発見をつかむことです。

まず、一つ目の心得について説明しましょう。

サルに限らず、日本でも世界でも野生動物は人間に虐げられてきた歴史をもっているので、どんな野生動物も簡単に人と仲良くなってはくれません。人間を見たら、逃げるか攻撃してくるかのどちらかですが、サルの場合、肉食ではないので、攻撃するより逃げるのが普通です。

今西さんが霊長類研究グループをつくって学生たちとニホンザルの研究を始めた頃、ニホンザルはほとんど姿を見せてくれなかったそうです。そこで始めたのが「餌付け」でした。人間が観察しやすいオープンな場所に餌をまき、その餌場にやってくるサルを観察するわけです。餌をやる人間にサルが慣れ始めたら、サルとの距離を縮めていく。しかし20年ほど経つと、こうした手法に対して、餌を与えることが本来の姿を歪《ゆが》めてしまうのではないかとの疑問が出てきて、今度は「人付け」という方法に移行していきました。エサで動物を慣らす餌付けに対し、人が近くにいても緊張しない状態まで慣らすのです。

そのためには、サルが逃げても、あるいは怒って攻撃してきても、観察者は追い続けないといけません。でも、ただ追っているだけではダメです。サルが人間に対する恐怖心や警戒心を解いて友だちになってくれるように、なるべくサルと同じ行動をとる必要があります。そのためには、一定の距離を保ちながら、サルが止まったら止まり、サルが動いたらこちらも動く。そのとき、サルのスピードを超えないようにするのが大切です。そして、サルが興味をもつものにはこちらも興味を示す。サルが行くところには、どこにでも行かなくてはいけない。究極のストーカーです。

あまりにもついて回るので、ときにはサルのほうも焦《じ》れてときどき攻撃してきます。これが結構恐い。ぼくが初めて本格的に野生のニホンザルの調査をしたのは鹿児島県の屋久島でしたが、ここで人付けをしていたときにエラい目に遭いました。森の中に入ると、サルが3～4頭で波状攻撃を仕掛けてくるのです。地面から、後ろから、樹上からと多方向から突進してくる。これはもう足をバタバタさせながら逃げるしかありませんでした。

それでも、そのうちにサルの警戒心は解けてきます。

フィールドワーク心得その2　動物の五感で自然を捉える

心得の二つ目は、動物の五感で周囲を見るということです。サルは毎日同じ場所に留まっているわけではなく、森を周回しています。前述したように、サルの五感と人間の五感は共通しているので、論理的には同じ感覚を共有することが可能です。一緒に行動しながら、いったいサルは何を感じながら移動しているのかを五感で知るわけです。

ただ、サルの目になって周囲を見てみるといっても、サルと人間では身体のサイズも機能も違うので、完全に同じ景色を見ることはできません。たとえば、サルは木に登ります。人間も登れますが、サルほど身体が小さくないので、枝先には行けない。でも、サルのように登った気になって、いったいサルが何を探しているのかということを考えるわけです。視覚だけでなく、聴覚、味覚、嗅覚、触覚を働かせながら周囲を眺めてみる。サル同士が会ったとき、どういう態度を示すのか。ほかの生き物と出会ったときにどんな反応を示すのか。それを身体で納得するのです。

ただ、言うは易《やす》し。サルの五感を使うことを阻む要因は、実はサイズや能力の違いだけではありません。今を生きるぼくたち人間は、実際の五感で感じる世界ではなく、フィクションのフィルターを通して自然を眺めています。その大きな要因となっているのが言葉です。たとえば、木々に葉を見たとき、ぼくたちは「緑の葉だ」と思います。実際には、ひと口に「緑」といっても、色は一つではありません。「赤」と呼ぶ実がすべて同じ色でもありません。「緑」「赤」という言葉があるために、「緑の葉」「赤い実」として括《くく》ってしまっているだけです。自分の視覚で捉えたものを、自分がもっている言葉に翻訳してしまう。この時点で、フィクションにつくり変えてしまっているのです。

逆にいえば、人間同士が経験を共有できるのは、言葉によってフィクションをつくることができるためなのですが、フィールドワークでは、あえてそのフィクションを頭の外に追いやることが必要不可欠です。言葉をもたないサルと行動を共にして、サルの視線を追ってサルが見たものを視覚で捉えたら、それをあえて言葉に翻訳をしない。これがフィールドワークの極意です。

自然は隠れることを好む

動物になりきるのは難しいし、サルの感じ方を完全に理解することはできません。でも、意識してフィクションというフィルターを通さずに自然と付き合ってみると、サルがさまざまな場面で、どう感じ、自然をどう見ているのかが、少しずつ理解できるようになります。

たとえば、森。人間同士でぺちゃくちゃ話しながら歩いていると何の音も聞こえません。虫も鳥も人間を警戒しているので、人間が来たと感じると鳴き止むからです。でも、サルと一緒に、サルになりきって、サルの五感で歩いてみると、森林がいかに多様な刺激に満ちているかがわかります。いろいろな音も聞こえてきます。虫が鳴き、鳥も鳴く。沢音や葉のざわめきが聞こえる。こういう音を感じながらサルは歩いているんだなということがわかる。

そしてサルは、自分以外のサルのこと、さらに、ほかの動物のことも気にしています。鳴き声や動く音を聴き分けながら、あるいは見分けながら、何がどこにあるかを感じているのです。たとえば、サルの食物である美味しい果物、虫の在処《ありか》。見えてはいなくても、それらを狙う鳥の動きが、食べ物があるかもしれない場所を理解するのに役立ちます。さまざまなことを手がかりに、自然に隠されているものを見つけているのです。特に、熱帯雨林、ジャングルにはいろいろなものが隠れています。

「自然は隠れることを好む」。これはギリシャの哲学者ヘラクレイトスの言葉を哲学者の西田幾多郎《にしだきたろう》が翻訳した有名な言葉です。隠れているものすべてを知ることはできなくても兆候を感じ取ることはできます。サルが、鳥の動きで虫の居場所を感じるように、動物は皆、四六時中、自分の感覚だけではなく、ほかの動物の感覚に頼ってこうした兆候を感じ取る行動をしています。個体と付き合うということは、その個体がもって生まれた感性で、いかに自然と主体的に付き合っているかをきちんと観察するということです。こうした観察を通じて、人間が勝手に解釈している自然ではないものを見る感性を磨かないといけません。

ぼくが、フィールドワークにＧＰＳ（Global Positioning System 全地球測位システム）を使うのが好きではないのは、このためです。学生たちにもよく言っていますが、もちろん**サルに発信器をつければ、森林のどこにいるかはわかる。でも、それは人間がつくった信号によってサルの動きを解読していく作業であって、サルが感じている世界はわかりません。**この場所で止まったのはなぜなのか、近くにどれくらいの仲間がいたのかなど、このサルがほかの種類の動物が発するどんな手がかりをもとに自然を読み取っていたのかが全然わからない。ある特定の情報を得るためには利用できますが、仮にそれで論文を書いたところで何もわかったことにはならないでしょう。知るべきは、その動物がどういう世界と付き合っているのか、そして、その中でどのように社会がつくられているかということなのです。

ニホンザル研究に感じた限界

屋久島では、ニホンザルの警戒心がなくなるまで、5年くらいかかったでしょうか。サルになりきって、サルの群れの中に入り、サルの五感を使って自然を感じてみた結果、サルたちは、ぼくが一緒に歩いていても全然気にしなくなりました。次はいよいよ、動物と話をする段階。具体的には、彼らの行動文法を覚え、サルの声を真似て、サルのように振る舞い、コミュニケーションを成り立たせ、その中で彼らのつくり上げている社会を知る、ということです。

しかし、ぼくはここで限界を感じました。ニホンザルのように振る舞うことはできるのだけど、向こうがこちらをサルと思ってくれない。そもそも身体が違い過ぎる。人間のほうが大き過ぎるし、知性もまったく違いました。

ニホンザルは、出会ったときの振る舞いが非常に素早く、何かを考えたりしません。考える前に、反射的に行動する。もっといえば、サルは会った瞬間に、どちらが強いか弱いかを判断し、行動を決めます。彼らは、はなから人間を優位と見ています。社会的優劣が決まった関係であれば、攻撃し合う必要はありません。人間を攻撃するときは、明らかによそ者に対するものであって、優劣を決めるための攻撃ではないのです。もちろん向こうからぼくに近づいてきて、ぼくの頭をグルーミングしたりすることもあるし、こちらがクーといえば、クーと応えてくれることもある。音声コミュニケーションがまったくできないことはありません。彼らの興味の範囲の中では、人間に対して親和的な行動もとりますが、それ以上の関係はつくれないのです。

群れの中に入って、彼らの気に障らずに行動ができるようになっても、仲間と認知してくれることはありません。ここまでさまざまなことを知ることはできましたが、これがニホンザルとの関係においては限界でした。

いよいよゴリラの森へ

師匠の伊谷さんに、「ゴリラの調査をしてみないか」と声をかけられたのは、そんなときでした。ぼくはこの話に興奮し、さっそく京都市動物園にゴリラを見に行きました。そのとき感じたのは、「ゴリラはサルではない」ということです。当時その動物園にいたマックというオスのゴリラの身体はぼくよりはるかに大きかった。顔も手も大きい。サルに比べて身体が大きい分、動作がゆっくりしているように感じました。サルは、仲間のサルに対しても人間に対しても、素早く反応します。威嚇《いかく》してみせたり、近寄って毛づくろいをしたり、怖じけづいたり、じっとしている時間がありません。ところが、ゴリラはまったく違いました。どしっと座って腕を組み、じっとこちらを見つめます。何より違ったのが、サルとの遭遇には常に緊張感があったのに対して、ゴリラは、人間との出会いをどこかで楽しんでいるように見えたことです。ゴリラはいったいどんな性格をしているのだろう。ぼくの興味はふくらみました。

ゴリラはサルではありません。ゴリラは、オランウータンやチンパンジー、そして人間と同じくヒト科という分類群に属する類人猿です。遺伝子的な違いは、ゴリラとサルが３％であるのに対し、ゴリラと人間は１・２〜１・６％。つまり、ゴリラと人間のほうが、ゴリラとサルより近い。ゴリラは、今から９００万年くらい前に人間と共通の祖先から分かれたとされていて、家族的な集団をつくって生活しているので、ゴリラの集団を観察することで人間の祖先の暮らしを少なからず理解できるのではないかと思いました。

こうして、単身で訪れたのがアフリカのコンゴ民主共和国（当時はザイール共和国）です。コンゴ盆地の東にそびえるカフジ山に入り、標高２０００メートルを超える山を登ったりおりたりしながらゴリラの足跡を追って歩きました。ここに棲《す》むのはヒガシローランドゴリラです。ゴリラが歩いた跡は、草が倒れているので、草の向きを辿《たど》ればゴリラの行き先がわかります。あたり一面の草が倒れているところがあると、そこで休憩をしたことがわかる。三角のおむすびをつなげたようなフンを見つけると、それを割って何を食べたか調べました。来る日も来る日もゴリラの後を追っていたぼくは、あるとき、ようやくゴリラに遭遇しました。その迫力たるや！　そのときは、背中の白いシルバーバックと呼ばれるオスに大きな吠え声で威嚇され、なおも近づこうとしたぼくは、突進されて倒されました。その威厳に圧倒されたことを覚えています。

それでも、そのうちぼくは彼らの後をついて歩けるようになりました。出会った際に威嚇されるだけで攻撃されなくなったからです。ただ、ここのゴリラはまだ人に十分に慣れていなかったので、10〜20メートルより近くに接近させてくれることはありませんでした。

そこでぼくは、映画『愛は霧のかなたに』のモデルになったアメリカ人の研究者ダイアン・フォッシー博士のフィールドに場所を変えます。カフジ山から200キロほど離れた、ルワンダとコンゴの国境にまたがるヴィルンガ火山群という場所です。ここでは、フォッシー博士が長年かけてゴリラとの距離を縮めていました。

フィールドワーク心得その3　動物と会話をしてみる

ここで暮らしていたのは、マウンテンゴリラという種類のゴリラです。ここは標高3000メートルを超える高地なので、ヒガシローランドゴリラより毛が長くふさふさしていて体つきも丸っこい。ちなみに、日本の動物園で飼育されているのは、ニシローランドゴリラという種で、コンゴに棲むヒガシローランドゴリラも、ルワンダにいるマウンテンゴリラも見られません。

ここでぼくは森の中のキャンプに寝泊まりし、朝早く起きてゴリラに会いに行き、夕方に戻ってくる生活を続けました。フォッシー博士の人付けのおかげで、2カ月くらいで、ゴリラがぼくの身体に触れてくれるまで近づくことができるようになりました。

動物同士のコミュニケーションは、基本的に、「受け入れる」か「拒否する」かです。互いの距離によって、交わされるコミュニケーションの質は変わります。姿が見えない場所でのコミュニケーションは、基本的に声だけ。姿が見えなければ、頼るものは声しかありませんから、声の出し方を間違っては大変なことになります。クエスチョンバークという声の出し方がありますが、これは、そこにいるのが誰だかわからないときの声で、カタカナで記せば「ウホウ」といったもの。いくぶん緊張感をはらんだその声が「Who are you?」と聞こえたので、フォッシー博士が、クエスチョンバーク（バークは「吠え声」の意味）と名付けたのです。それに対して、「グッグフーム」と返せば、「ぼくだ」「私だよ」と答えたことになります。皆、声はそれぞれ違うので、これで相手が誰かがわかる。ゴリラのほうも「あ、お前か」とわかれば安心します。逆に、ここで答えないと危ない。答えないということは「ゴリラではない」ということ

ぼくは森の中で、少しずつゴリラたちのルールを学んでいった。1981 年ヴィルンガ火山群にて

ですから、挨拶に答えることは非常に重要な意味をもつのです。

彼らは、ぼくのほうにやってくるとき、必ずぼくの手前2メートルくらいで止まり、ぼくの顔を見て問いかけるような顔をします。「ダメ」というときには「コホッコホッ」という咳のような音声を出せばいい。すると、ちょっと不満そうな態度で去っていく。「いい」というときには「グッグフーム」と言う。ぼくのリアクションによって、ゴリラは次の行動を決めるのです。これは、ゴリラの群れを観察してわかった彼らのルールでした。だからぼくもゴリラに近づくときは、必ず2メートルくらい前で止まって彼らに許しを乞います。その礼儀を守らないと怒られます。

ちなみに、「怒ってくれる」というのはゴリラの特徴でもあります。ゴリラがサルと異なるのは、指導してくれること。変なところで挨拶をすると、「オッ、オッ」という声を出して怒ります。だから、ぼくは正しい音声の発し方、正しい仕草を覚えることができました。間違ったことをすると、「お前、それは違うよ」と叱ってくれるのです。

フィールドワーク心得その４　動物との会話から発見する

こうしてぼくは、ゴリラの群れの中に入り、ゴリラのように行動をし、ゴリラのように会話をすることを身体で覚えました。そうすると、ゴリラのやっていることがよく見えてきました。そして、ゴリラがニホンザルとはまったく違う社会に生きていることがわかったのです。

たとえば、覗《のぞ》き込み行動です。あるとき、若いオスのゴリラがやってきて、ぼくの顔をじっと見つめ始めました。ぼくはそのとき、困ったなと思いました。それまで観察してきたニホンザルの場合、相手の顔を見つめる行為は格上のサルが格下のサルを威嚇する行為です。見つめられたほうは、視線を外すか、歯をむき出すかして、自分に争う気がないことを示さなくてはいけません。だから、オスのゴリラがやってきたときも、彼を見ないようにして視線を下にはずしました。ところが、相手はさらに近づいて、ぼくの顔を覗き込みます。その距離、わずか20センチ。ぼくは恐くなってますます下を向きました。すると、しばらくぼくの顔を覗き込んだ後、不承不承という様子で離れ、ゆっくりと去っていきました。

　しかし、後で冷静になると、彼は威嚇しに来たのではないのではないかと思うようになりました。彼の態度に、意図を受け止めないぼくに対する何か不満のような気配が感じられたからです。それからゴリラたちの行動を注意深く観察すると、あれがゴリラにとって非常に重要なコミュニケーションだったことがわかったのです。彼らは頻繁に顔と顔を近づけて覗き込むという行動をしていました。相手を遊びに誘うとき、しばらくぶりに仲間と再会したとき、ケンカを止めに入るとき、そしてケンカの後に仲直りするとき、等々。若いオスゴリラはあのとき、ぼくを遊びに誘っていたのかもしれません。

おとなのケンカを仲裁するゴリラの子ども

　ゴリラはニホンザルのように常に優劣を気にしたりしません。身体の小さなメスや子どもでも、大きなオスに敢然と向かっていきます。相手より弱い、負けました、ということを態度や顔の表情で示すこともありません。

相手を覗き込むゴリラ。互いに目を合わせないニホンザルとはコミュニケーションの方法がまったく異なる

ゴリラの世界に入っていけるようになると、子どもはぼくに遊びを仕掛けてきます。ゴリラの子どもは、押しのけられても、投げ倒されても組みついてくる。そして、それを喜んでいるように見えます。好物のイチゴを取られれば、怒って向かってくる。おとなのオスゴリラに対してもそうですが、自分より身体の大きな人間に対しても、怯《おび》えた様子がまったくありません。人間の子どもも、概して非常に自己主張が強く、お互いに張り合いますね。負け惜しみを言ったりもする。年上の子どもを恐がっている感じもない。年上の子どもも、いつも威張っているわけではなく、むしろ年下の小さい子に合わせて優しく遊んでやっている光景もよく見ます。同じ霊長類でも、成長するに従って、年上の子が威張るニホンザルに対して、年の序列で優劣をつけないゴリラと人間はよく似ています。

こんなこともありました。ある日、大きなオス同士がケンカを始めようとしたとき、子どもたちが彼らにしがみついてオスたちを引き離したのです。ニホンザルの場合、ケンカを止めるのは、一番地位の高いリーダーだけです。力で制しなければ、ケンカを止めることはできません。弱いサルが強いサル同士のケンカに介入すれば、軽くあしらわれ、「邪魔をするな」とばかりに攻撃されるのが落ちでしょう。ところが、ゴリラの社会では、ケンカを止めるのは大きなオスだけの役割ではないのです。みんな本当はケンカをしたくないけど、負けたくないから自己主張をし合う。負けたくないという気持ちがとても強いので、そこに誰かが割って入ってくれれば、ケンカをせずメンツも保ちながら引き分けられる。そういう利点をみんなわかっているから、子どものいうことも聞くわけです。こういう社会のつくり方があると知ってぼくは大いに感心しました。

シルバーバックに子育てを委託するメス

ゴリラの世界に入ってぼくが何より魅了されたのは、リーダーのオス、シルバーバックの存在感でした。

ニホンザルの社会は母系なので、おばあさん、お母さん、娘、孫娘という縦のメス同士の結束が非常に強く、メスは群れを離れません。オスは成長すると群れから出て、ほかの群れを渡り歩きます。一方、ゴリラの場合、群れの中心にいるのはシルバーバックです。ゴリラの赤ちゃんは3～4年お乳を吸ってから お母さんの元を離れますが、そのとき、お母さんは子どもをシルバーバックの元に連れていきます。子育てを委託するわけです。子どもはその後、オスのそばにベッドをつくるようになり、自立していく。だからメスはさっさと子離れをして、次の子どもをつくったり、ほかのオスに惹かれて群れを出ていくことができます。

シルバーバックは自分から子どもを育てにはいかず、子どもが来るのを待っています。まずはお母さんが子どもを連れていって紹介するのです。慣れると子どもたちはお母さんがいなくてもシルバーバックのそばに行こうとします。何せシルバーバックは格好良くて頼もしい。こうして彼の周りには、2～4歳くらいの幼いゴリラがいつも数頭群がっています。シルバーバックの巨大な背中を滑り台にして降りてきたり、背中をポコポコ叩《たた》いたり、寄りかかって寝たり。シルバーバックにしてみたらうるさくてしょうがないでしょう。でも、子どもがいくらじゃれていても、彼は動かずにじっとしています。体重200キロくらいはある巨大なシルバーバックに対して、ゴリラの子どもはわずか数キロから10キロほど。体重が数十倍もあるシルバーバックが体をブインと動かしただけで跳ね飛ばされます。それがわかっているので、シルバーバックは何があっても動きません。動かないから、子どもたちは安心して周りで遊べるのです。ぼくは、これこそ子育ての秘訣だと思いました。

シルバーバックはえこひいきしない

子どもたちがイザコザを起こしたとき、すぐに太い腕を出して、ケンカを止めるのもシルバーバックです。その仲裁の仕方が堂に入っている。ケンカのきっかけをつくったのが誰かもわかっているから、その子どもを捕まえ、やられているほうを保護します。眠っているように見えて、すべて把握しているのです。シルバーバックにとって、集団の子どもはすべて、複数のメスとの間につくった自分の子ども。だからすべての子どもに対して平等に接することができます。えこひいきをされないからこそ、子どもたちはケンカを止められたことがわかるし、お父さんに嫌われているわけじゃなく、ケンカ自体が悪いのだということがわかる。子どもたちは、お父さんのそばにいれば、どれだけケンカをしても大丈夫だし、自己主張もできるわけです。子どもたちがお母さんよりお父さんのそばにいるのはこのためです。

余談ですが、最近の研究で、ゴリラの好むオスの傾向がわかってきたそうです。嘘か真か、後頭部が盛り上がっているオスほど人気があるとか。シルバーバックの白い背中めがけて子どもたちが集まってくるところを見ると、白い背中はメスのためではなく、子どものためだとわかります。膨張色である白だからこそ、暗いジャングルでも目立ち、子どもたちはあの背中を目印にしてついて歩くことができる。落ち着く場所を見つけて休憩するときには、あの背中に惹きつけられるように寄って行って、あの背中を枕にして寝ます。シルバーバックの背中は子どもたちの憧れの場所なのです。しかも、シルバーバックの白銀の毛は、背中からお尻、後ろ足のほうへと、歳をとるごとに増えていきます。
こうして、ゴリラのオスは、歳をとっても群れから追い出されることなく、子どもたちのアイドルであり続けることができます。

ひと声出せばわかり合える社会

こうしてゴリラと「話す」経験を通し、彼らが個体同士でどれくらいの距離を取り合っているのか、あるいは散らばっているのか、どういうことをしているときにどのような距離を置くのかなど、さまざまなことがわかってきました。それこそが、ぼくが知りたかった社会です。ちょっと遠くにいて姿が見えなくても、彼らにとっては仲間であって、ひと声出せば、それがわかり合える。近くにいるときには、言葉を交わさず、身ぶりで、ときに接触をして互いの気持ちを確かめ合う。そしてそのルールを破ったら、気持ちを通じさせることができなくなる。そういう社会がそこにありました。

ゴリラたちは、ぼくをゴリラと認めたわけではありません。人間であることをわかったうえで、「ゴリラのルールを守って入ってきたのだから、俺たちの群れに入れて付き合ってやろう」という態度なのだと思います。それは、どこか外国人に対するぼくたちの態度に似ている気がします。

そして、こうしたゴリラとの付き合いから、人間という生物の不思議さも見えてきました。それを次章以降で説明しましょう。

第3章 言葉は人間に何をもたらしたのか――ゴリラから見た人間社会

スマホにかじりついているなと思う人は、
一度「スマホ・ラマダン」をやってみるといいと思います。
スマホの利点も欠点もわかるようになるのではないでしょうか。

ゴリラの社会から人間社会へ

サルやゴリラの世界で長く生活して、人間の世界に戻ってくると、人間がなんだか不思議な生き物に見えてきました。二足で歩く姿も不安定だし、泰然自若としたゴリラに比べて、落ち着きがありません。人間同士の関わり方も不自然に感じます。

ルワンダの森で2年ほど調査をした際も、毎日ゴリラとばかり会って、ほとんど人間と付き合わなかったので、日本に帰ってきたときに大いに戸惑いました。成田空港から乗ったのが満員電車。人間同士が身体をくっつけ合っているのに誰も挨拶せず、みんな無視し合っている。ぼくの身体は「なんかやばいぞ、これは」と反応していました。なにせ、**ゴリラの世界では、挨拶もなしに身体をくっつけ合っているなど、信じられないことです。身体を寄せ合ってきたときには、もう仲間として気持ちが通じ合っている状態ですから、そばにいて安心感があります。**ところが、人間社会では電車でも駅のホームでも、みんな近くにいるのにまったく安心感が得られない。居心地が悪くてたまりません。

日常生活にも支障が出ました。話をしていると、相手に怪訝《けげん》な顔をされるのです。ぼくとゴリラのコミュニケーションは、声によるもので、言葉によるものではありません。「グッグフーム」と挨拶をしながら、相手の顔を見つめる。だから、ゴリラの群れから人間の群れの中に戻ったとき、うまく言葉を話すことができないのです。そのうち話を聞く機能は回復してきますが、しゃべることは忘れたままなので、気づくと、相手の目を見つめながら「グッグフーム」とうなっている。当然のことながら相手は気味悪がります。人間社会では、しゃべらずに相手の目を見つめるという機会は、特別な間柄であってもなかなかないですからね。それで「なんだかやばい人だ」と思われたりしました。

言葉があるから距離を保ってつながれる

ゴリラの世界から戻ると、それまで当たり前だと思っていた人間の暮らしが、当たり前のことではなく見えてきます。その一つが言葉です。

ゴリラの世界に長らくいて自分が言葉をしゃべらなくなっていることに気づ

みんなでのんびり昼寝。気持ちが通じ合っているから身体も寄せ合える

いたとき、言葉というのは、もともと意味のあるものではなく、ひょっとしたら「対面」を長引かせる手段だったのかもしれないと思いました。

動物たちは、さまざまな方法で心を一つにします。チンパンジーは、「フーホーフーホー」という遠距離コミュニケーションに使うパントフートという声を出したり、抱き合ったりして興奮を分かち合います。ゴリラは、近くで同じものを食べていて楽しい気分になるとハミングで同調し合います。ゴリラはお腹が大きいので、休んでいるときにはお腹をくっつけ合ってじっとしていることも多いのですが、これも心を一つにする方法です。そのとき、目が合ってもお互いに平気です。覗き込み行動もそうです。でも、見つめ合っているのはせいぜい数十秒で、1分に及ぶことはありません。この間に相手の心に入り込んで、自分と相手の心を合わせ、誘ったりケンカを仲裁したり、何かを思いとどまらせたりする。相手をコントロールして、勝手な動きをさせない方法なのでしょう。

このように、ゴリラやチンパンジーは一体化して関係性をつくります。人間も、親子の間では、赤ちゃんが泣いているとき、お母さんはなんとかしようと、赤ちゃんの顔を見ながら身体を揺すったりしますね。赤ちゃんも、お母さんの顔をじっと見つめ、包み込まれている安心感で泣き止む。人間にとっては、顔と顔を合わせるこの行為が一体化です。これによって不安や喜びや楽しさが伝わります。「自分は一人ではない」「つながっている」という感覚を得られるのがその効果です。

ただ、人間の場合、親子以外でこうした一体化ができるのは、通常、恋人同士など特別な関係に限られます。人間は、ゴリラやチンパンジーのように一体化することはせず、少し離れて互いの自立性を保つ道を選びました。こうして、安易に一体化するのを避けた過程で生まれたのが、一定の距離を保って向き合うという状態です。言葉を交わすだけなら対面する必要はないのに人は対面します。でも、対面したまま黙ってじっと見つめ合っていたら気味が悪い。帰国後のぼくが気味悪がられたように。この状態を持続するために生まれたのが言葉なのではないでしょうか。最初は、意味のある音声ではなかったかもしれません。しかし、やがて意味のあることを共有し合うコミュニケーションの道具になりました。人間は、言葉を話し始めたことで、距離を保ってつながれるようになったともいえるわけです。

第2章で書いたように、動物との出会いでは、受け入れられるか拒否されるかのどちらかです。**人間が距離を置いて話ができるのは、言葉がどっちつかずの状況を担保できるからです。**情報を共有しているという安心感があるから、拒否もしないし受け入れもしない状況が保てる。その中途の状況を保ちながら、人間は言葉を駆使し、いろいろな人と付き合い、「好き」とか「嫌い」とか「どちらでもないが貴重」といったさまざまな社会的な関係をつくることができるのです。

「持ち運び可能」な言葉が物語を生んだ

ぼくたち人間は、進化の過程で言葉を得たことで、距離を保ってつながれるようになるとともに、身体を使わず、時間と空間を超え、いろいろな人とつながることができるようになりました。

言葉はポータブルなものです。重さがないので、どこにでも持ち運びができる。言葉を使うことで、過去に起こったことを、まるで目の前で起こっているかのように解説することができるし、目の前で起きていることを、別の場所、もしくは今ではない時間に再現することもできます。自分が行ったことのない場所で起こったことを、あたかも行ったかのように再現して伝えることもできます。言葉を得た人間はフィクションを生み出しました。死を考えられるようになったのも言葉を得たためです。死者と対話できるという幻想も生まれました。フィールドワークの心得で書いたように、「緑の葉」や「赤い実」も、そう口にした段階でフィクションになります。

一方、言葉をもたない動物は、その場で瞬時に直観で対峙《たいじ》し、解決します。それ以外のオプションをもちません。人間も本来、同じ能力をもっていたはずですが、言葉の力が大きくなるにつれ、その力が減退しました。たとえば、その場はやり過ごして、あとで考えるといった状況では、言葉が力をもちます。

あのときあの人はこう言ったけど、本当はどうだったのだろう、こんな情報を流しているけど、裏では何を考えているのか、ひょっとしたらとんでもないことを目論んでいるのではないか、などと言葉にこだわってしまう。これは、言葉による幻想、フィクションに侵されている証拠です。フィクションが前面に出てくれば、動物のように生の感情のぶつかり合いを通じて瞬時に何らかの解決策を見出す、という人間本来の能力が落ちていきます。

身体より言葉を信じるようになった人間

こうして今、人間の世界には、身体を通じたコミュニケーションをまったく無視した社会が出来上がっています。

人間は、言葉でルールをつくっています。たとえば、保育園では、「ねんねの時間ですよ」「一列に並びましょう」と言われて、子どもたちは眠くないけど眠らされ、並びたくはないけど並ぶ。小学校もそうです。「今日は朝礼があるから整列する」「教室に入ったら席につく」。こうした言葉による規則が先にあって、自分がしたいことより、その規則を守ることが先決になります。会社のルールや法律など、すべて言葉によるルールです。

ゴリラの場合、何の挨拶もなしに2メートル以内に近づいたら、身体が「えっ、何かおかしいぞ」と反応します。この「2メートル」という距離も、ぼくが感じたことを言葉に翻訳しただけで、実際の距離は状況によって異なります。でも、その距離はその場にいればわかるし、ゴリラが何かを訴えてきていることもわかる。「何か興味があるものがぼくの周りにあるんだな」「ぼくと遊びたがっているんだな」「ぼくの隣に座りたがっているな」ということは、目を見ればわかります。何かいたずらをしようというときには、目がキラキラと光っています。**ゴリラの行動や表情を受けて、ぼくは瞬間瞬間に理解し、どういう行動をとるかを判断します。**こうしてぼくが身につけた彼らの「行動文法」は、「こういう行動をしたからこうだ」「こういう表情をしたからこう」などと言葉だけで表すことはできません。

かつては、人間も、身体感覚でさまざまな問題を解決してきました。お互いの関係や環境は毎日変わります。こうすれば今日はこうなるということを直観で判断して互いの関係を調整していました。

ぼくが子どもの頃もそうでした。自然は日々変わるものだから、ぼくらも変わらざるを得ません。雨が降れば、太陽が出れば、遊ぶ場所も方法も変わります。その度に、友だちと顔を見合わせて、気持ちがつながっていることを確認しながら、互いの関係を調整していました。それは、ゴリラの社会にとても近いものです。こういう子ども時代があったからこそ、ぼくは、言葉では理解できないゴリラの群れに入ることができたのかもしれません。ゴリラの場合は、人間と表現の方法が近いから、余計わかりやすかったのです。

ところが、**今の人間社会は、不変のルールに従うことが日常生活になっています。言葉が先行しているから、身体が感じていることより言葉を信じる。**ルールが合わなくなったときにすぐに調整することができないために無理が生じます。

言葉が暴力をつくり出す

科学技術には良い面もあれば悪い面もあります。最初は良い面に注目が集まりますが、ある域を超えると今度はネガティブな面が強調されていきます。ダイナマイトを考えてもそうでしょう。最初は人間の力が及ばない物を壊すために非常に役立ったのに、それがやがて社会を破壊する戦争の道具に使われるようになりました。言葉も同じです。

言葉は、人間が手にした技術の中で最初にして最大のものといってよいと思います。人間の認知能力は、言葉の発明によって一度つくり変えられました。これが、「認知革命」と呼ばれるものです。かつて言葉は人々の間のトラブルを調整するための交渉にも使われていたはずだし、集団間の暴力を鎮めるためにも使われていたでしょう。だから人間は集団を大きくすることができました。国家という巨大な組織をつくることができたのも、言葉によってバーチャルな世界をつくり、その物語を共有してみんながまとまれるようになったからです。ダイナマイトと同様、最初は言葉もよい作用をもたらしました。しかし、やがてその言葉が、暴力をつくり出すために使われるようになると、だんだん人間にとってネガティブな作用をし始めます。

言葉を発達させるうちに、文字も生まれました。最初は、石や木に書いていた文字を、紙に書くようになり、やがてそれを印刷するようになる。さらに技術が進み、テレックスができ、ファクスが生まれ、そして今、ぼくたちはインターネットを通じて電子文字でつながるようになりました。

そもそも文字を介した理解には、常に疑いがつきまといます。会って話していれば、発せられた言葉だけの意味ではなく、相手の顔の表情や仕草、声色から裏の意味や背景を同時に感じることができます。相手の言葉を聞きながら、「おそらく嘘を言っているな」とか「本気みたいだな」と思ったりするのは、人間は言葉を話しているとき、無意識のうちに感情を出すものであり、同時に相手の感情を読み取る能力をもっているからです。話し手は、相手の解釈が間違っていると感じたら訂正することができます。本来、言葉の役割が発揮される場所は、こうしたやり取りが可能な場面でした。

しかし、文字は読み手本位のコミュニケーションツールであって、対話ではありません。書いた人はその場にいないので、読み手の勝手な解釈が許されます。読み手本位であるために、ときに誤解を生んで書き手が思ってもいなかった結論になったりします。再現する過程で誤解が生じるのは当たり前で、それを避けることはできないのです。

本当の会話がSNSでできるか

ラインなどのSNSがあたかも対話しているかのような使われ方をしていますが、それは、あくまでシンボルを使った文字世界の延長です。ラインを利用している人の中には、すぐに返事が来るから対話と同じような信頼関係をつくれていると反論する人もいるかもしれませんが、その論理には二重の意味で誤解があります。

一つは、言葉は抽象化されたものだということ。誰かと話をしていても、それは出来事すべてを表しているわけではなく、出来事をいったん言葉という抽象的なシンボルに集約してそれを再現しているだけのものです。実際には、言葉だけで相手の感情はわかりません。

もう一つは、文字化したり、肉声ではないものに変換してしまったりした場合、そこにさらに時間的な要素が加わるということです。言葉を話すということは本来、瞬間の作業でもあります。対話を書き言葉にすると、Aさん「…」、Bさん「…」というように、時系列に並べられることになりますが、実際は、相手が話しているとき、相手の言葉を聴きながら、自分が次に話すことを考えている。それは書き言葉では表現できません。文字は、相手の言葉を受けて考えた結果出てくるものではあるけれど、その瞬間に自分の胸の中に生じた感情とは違うものです。書き文字の行間を読み取ることはできても、実際に言葉を肉声をもって交わし合っている状況とは違うのです。そこにも齟齬《そご》が生じます。

ぼくたちは、誰かに会いに行くときには、服装や身だしなみを考えますね。相手によっては敬語も使う。そういうときの緊張感は、身体からほとばしり出るものです。ところが、**スマホで言葉を文字でやり取りするだけなら、礼儀も**

敬語もそれほど気にしなくてもいい。だから相手によって変えることをしなくなります。相手が不特定多数であれば、ますます身構えがなくなっていきます。

さらに、顔も知らない相手から得た情報に対しては、勝手に想像ができる分、実際に会ったときに、文字の情報に裏切られるかもしれないし、それがコミュニケーションの足かせになるかもしれません。だから行き違いも起こるし、それがときに犯罪に結びつくこともある。言葉はもともと緩衝材の役割を果たしていましたが、今は文字に引きずられて、行動を誘発している。会って「殺してやる」と言われたなら、「バカやろー」と言い返せるし、取っ組み合って解消できることもある。殺すなどという行為はそうそう実現しません。でも、文字は、読み方次第でいくらでも想像が広がります。それが知らない相手であればなおさらでしょう。「殺される！」と恐怖で身がすくんでしまうかもしれません。

言葉を生み出し、文字を発明し、今、インターネットの世界を介して言葉をやり取りしているぼくたちは、こうした言葉の負の面にもあらためて目を向ける必要があるのではないでしょうか。

スマホ・ラマダンのすすめ

スマホにかじりついているなと思う人は、一度「スマホ・ラマダン」をやってみるといいと思います。ぼく自身は、インターネットやEメールこそ利用していますが、スマホやSNSは利用していないので、日頃からスマホ・ラマダン状態です。さらに、フィールドに行ったらまったくメールも見ることができなくなるので、完全なデジタル・ラマダン状態になります。

ここまでしなくても、期間を決めてデジタルを断ってみると、スマホの利点も欠点もわかるようになるのではないでしょうか。そもそもラマダンとは人間に不可欠な飲食を断って、空腹を体験し、飢えた人への共感を育むこと。食べるという本源的な欲を断って、苦しい体験を分かち合うことで連帯感を高めることです。スマホはいったいどんな人間の欲に基づいているのか。スマホの有用性を知るためにも、一度それを断ってみることも必要だと思います。

第4章

人間らしさって何?——

皆で食べ、育て、踊る人間の不思議

人間の社会性は、食物を運び、
仲間と一緒に安全な場所で食べる
「共食」から始まりました。

「家族」は人間だけがもっている？

　ほかの動物と人間を分かつものは言葉だけではありません。ぼくが長年、興味を抱いてきた「家族」もまた人間特有のものです。これも、ぼくがサルやゴリラの世界にいたからこそ見えてきたものです。ぼくは、まずニホンザルの社会に入り、なぜサルが群れをつくるのかを調べ、さらに人間に近いゴリラを観察しました。ゴリラから得た発見を人間の社会に当てはめてみると、最初にぼくがこの研究を始めた頃に抱いた「人間の祖先はなぜ家族をつくるようになったのか」という問いの答えに迫ることができました。

　動物には皆家族があると思っている人が多いと思いますが、実は「家族」をもっているのは人間だけです。今西錦司さんは、人間の家族を次の四つの条件で定義しました。一つ目は外婚であること。人間の家族は閉鎖的なものではなく、娘や息子が生まれると、彼らが家族を出たり、外から誰かを入れたりして新しい家族をつくります。このように結婚を通して新たな家族をつくる形が外婚です。二つ目はインセストタブー（近親婚の回避）がある、つまり親子兄弟姉妹という近親者の間ではセックスをしないということ。三つ目が、男性と女性の間に分業が成り立っていて互いが協力し合いながら共存をしているということ。そして、四つ目が、複数の家族が集まって特別な関係を築き、地域社会をつくっている、つまり二つ以上の社会単位が併存する重層的な社会をもっているということです。人間以外の霊長類は、この四つの条件すべてを満たす形態をもっていません。

家族と地域社会を両立できるのが人間

特に人間の家族に特徴的なものが四つ目の条件です。ゴリラは単独の家族のようなものはもっていても、それが複数で集まることはありません。一方、チンパンジーは、複数のオスやメスが集まる地域共同体のようなものはもっていますが、家族はもちません。

二つの集団を両立できないのは、家族とコミュニティの論理が、ときとして対立するものだからです。家族は、見返りを求めずに奉仕するのが当たり前の集団です。一方、地域社会は、何かをしてもらったらお返しをしなくてはいけないという義務感によって成り立っています。性質の異なる集団の両方をマネジメントできるのは人間だけであり、これを成立させているのは、人間だけがもつ強い共感力です。このことは、「生物としての人間」を考える上で非常に重要なものです。

では、サルやゴリラにないこの強い共感力は、どうやって生まれたのでしょうか。その背景には、文化的な理由より、生物学的な要因が大きく関係しているとぼくは考えています。

食べ物を持ってくる人への信頼と期待

熱帯雨林からサバンナへと出てきたとき、人間が直面したのは食料不足です。サバンナでは食物が分散しているので、チームを組んで、あるいは個人で遠くまで足を延ばして食料を集め、安全な場所に持ってきてみんなで食べることが必要になりました。そのために二足歩行が役立ったといわれています。直立二足歩行は、歩行速度を速めるのに役立つわけでも、俊敏性に優れているわけでもありません。ただ、長距離を歩くのにはエネルギー効率がよく、なおかつ自由になった手で物を運ぶのにも便利です。だから、栄養価の高い食物を手に持って帰ってくることで、自分だけでなく弱い仲間にも食べさせることができました。食べ物を通じて仲間の信頼が高まったわけです。期待も高まりました。自分が見えないところから自分が望む食べ物を持って帰ってきてくれる仲間がいる。その人に対する信頼と期待は、やがて、その食料の安全性を自分で確かめることもなく、その人を信じて食べるという行為につながります。これが、ゴリラやチンパンジーにない、人間の信頼関係の最初の構築です。人間の社会力の強さはここから始まったといっていいでしょう。

ぼくは一時期、サルを研究・飼育・展示する日本モンキーセンター（研究所・博物館・動物園）に勤務していたことがあります。ここでは、捕獲されたばかりのサルに接する機会が多くありましたが、野生にいたサルは、人間がエサをやってもすぐには食べません。人間をまったく信用していないからです。野生の動物は基本的に皆同じで、自分が手にとって、自分の目で確かめたものしか食べません。

ところが、ある時点で一度口にすると、それを境に、野生では絶対にないお菓子などの新しい味覚のものまで進んで食べるようになります。これは、食べ物と自分との関係が変わった、つまり人間を介して食べ物を受容するようになったということです。エサをやる人間を信用したということにもなるかもしれませんが、これは簡単なように見えて、実はとても難しいことです。

サル同士、さらにゴリラやチンパンジーでも、仲間が食物を持ってきて与えるという行為は見られません。類人猿はまれに食物を分配することがあっても、めったに食物を運ぶことはありません。食料を集めて、それを安全な場所まで運び、仲間と一緒に共食するというようなことが人類の進化の過程で起きるためには、危険なサバンナに進出して、直立二足歩行という変わった歩行様式を駆使するようになるまでの長い時間が必要だったのでしょう。

争いのもとになる食物を一緒に食べる人間の不思議

人間の社会性は、こうして食物を運び、仲間と一緒に安全な場所で食べる「共食」から始まりました。

ゴリラやサルから見たら、人間の食事ほど不思議なものはないでしょう。サルをはじめ、動物たちにとって食物はケンカの源泉です。独り占めして食べればいいものを、わざわざみんなで集まって一斉に食物に手を出すなんて、それは奇妙なことに見えるはずです。

ぼくが子どもの頃は、祖父の食膳に魚の頭がのっていて、子どものぼくには尾っぽしか回ってきませんでした。当時、魚の頭は家長の食べるもの。それはわかってはいたけれど、子ども心にちょっとした不満を感じていたように思います。この不満こそが、いまだに食物がケンカの源である証拠。でも、そんなことも受け入れて、楽しく食卓を囲むことができるのが人間の社会性です。

霊長類の場合、一日の課題は、食べることに集中しています。それは、①いつ、②どこで、③何を、④誰と、⑤どのように、食べるかということです。これらを解決するために、彼らはあちこち移動して、エサを探し、仲間をもつ。これが、彼らが社会をつくる究極の理由です。もう一つの課題は捕食動物から自分や仲間の身を守ることですが、これは環境条件や捕食動物の種類によって変わってきます。また、別の重要な課題である性については、一カ月のうち交尾可能な時期がメスの排卵日周辺の数日に限られているので、それ以外の時期は考えずに暮らせます。だから毎日やってくる食のほうが重要なのです。

人間はどうかというと、特定の発情期がないという点で、性についてはほかの霊長類と異なりますが、食に関しては、彼らと同様、毎日、一日に何度も食事をしなくてはならない身体をもっています。ライオンやトラなどの肉食動物のように一週間に一度食べればいいわけではないため、この五つの課題が毎日何度も降りかかります。そういう課題を人間も背負っていることをぼくに教えてくれたのもサルやゴリラたちでした。

人間の社会性は食物革命から始まった

しかし、この大事な食に関して、人間は彼らとは違う道を選びました。効率化を進めたのです。

たとえば、ゴリラは、葉や樹皮など植物繊維の多い食物を食べます。それを腸内バクテリアに分解してもらうため、長時間休む必要があります。一方、チンパンジーの主食は糖分を多く含むフルーツです。十分な量のフルーツを得るためには広く歩き回らなければなりませんが、糖分はすぐに吸収できるので休憩せずにすぐに動けます。消化の時間や歩く距離に違いはありますが、チンパンジーもゴリラも、食物を探し、食べ、消化することに一日の大半を費やすのは同じです。

一方、人間は、火や道具を使い、調理をするようになりました。素材を切ったり叩いたり、火を通したりして消化効率を上げ、消化にかかる時間を減らしたわけです。火を使って毒性の化合物や寄生虫の害が除けるようになったので、食物の範囲が広がり、新しい土地に足を延ばすことができました。農耕牧畜を始め、食物を貯蔵することで、食物を探し回る時間も減らしました。市場をつくったことも、個人が食材を調達する時間を減らすことに役立ちました。その余った時間を人間が何に使ったかというと、社会交渉、つまり他者とのつながりをつくることです。

第1章で説明したように、脳は付き合う仲間の数が増えれば増えるほど大きくなります。脳に必要なエネルギーは、エネルギー価の高い肉などの食物から得られるようになりました。また、調理によって効率よくエネルギーを摂取できるようになりました。こうして人間は食物の利用法を変えることによって付き合う仲間の数を増やし、仲間が増えたことでいろいろなことができるようになります。この過程で言語が現れ、人間だけがもつ複雑な社会ができたのです。人間の進化の根本は食物革命にあったといってもいいでしょう。

ゴリラより人間の赤ちゃんの乳離れが早い理由

共感力につながる人間の生物学的な性質をつくったもう一つの要因が、子育てです。

ゴリラの世界から見ると、生後1年で乳離れをする人間の赤ちゃんは、とても不思議に思えます。類人猿の赤ちゃんは、概して長い期間、母乳を吸って育ちます。たとえば、ゴリラの場合、生後1年間はお母さんにしがみついてお乳をしゃぶっています。成長するにつれ、母親から離れる時間が徐々に長くなりますが、栄養は基本的にお母さんのおっぱいからで、4歳くらいでようやく乳離れをします。チンパンジーは5年、オランウータンにいたっては7年も母乳を飲んで育ちます。いよいよ離乳するというときには、すでに永久歯も生えているので、彼らはおとなと同じものを自立して食べることができます。誰の補助も要らず、人間のように離乳食の必要もありません。人間の子どもも、永久歯が6歳にならないと生えないことを思えば、ゴリラなどほかの類人猿と同じように、本来はそれまでお母さんのおっぱいを吸い続けていいはずなのに、生まれて1年で早々に乳離れします。

この人間の赤ちゃんの乳離れの早さもまた、人間が熱帯雨林から出たことに端を発しています。ライオンやチーターなど強力な肉食獣が徘徊《はいかい》するサバンナに出たとき、乳幼児の死亡率は急上昇したと考えられます。肉食獣は捕まえやすい子どもを狙うからです。人類は、このままでは死に絶えてしまう。そこで、子どもをどんどん産み増やす必要が出てきました。

人間に限らず、肉食獣に狙われやすい哺乳類はすべて多産です。日本でいえば、イノシシ、シカなどがそうですね。人間はもともとイノシシのように、一度にたくさん産むという性質を備えていないので、シカのように出産間隔を縮めて何度も子どもを産む道を選びました。お母さんは乳が出ると排卵が抑制されます。早く次の子どもを産まなくてはいけなくなった人間のお母さんは、乳幼児をおっぱいから離して乳の出を止め、次の排卵を回復させる方法をとったのです。

ゴリラもチンパンジーもオランウータンも、子どもが母乳を吸っている間、母親は妊娠できません。ゴリラは4〜5年に1回、チンパンジーは5〜6年に1回、オランウータンは7〜9年に1回と出産間隔が長いため、生涯に産む子どもの数は数頭で、さらに、おとなになるまで生き残るのは2頭以下です。だから、類人猿たちは数を減らしているのです。一方、人間は、今は少子化の傾向にありますが、生物学的には母親は年子を産むこともでき、生涯に10人以上の子どもを育てることが可能です。

大きく生まれてゆっくり育つ

こうして、捕食者、肉食者に対抗して多産になった人間ですが、シカのように成長の早い子どもを産むことはできません。不思議なことは、生まれるときの赤ちゃんの大きさです。成人したオスが200キロにもなるゴリラが、1・6キロ程度ととても小さく生まれるのに対し、人間の赤ちゃんは、その倍近く、3キロほどの大きさで生まれてきます。しかし、成長した状態で生まれてくるかといったらそうではありません。とてもひ弱で、生まれたときはお母さんに摑まれないほど。しかも成長が遅いのです。5歳になると50キロを超えるゴリラなど、ほかの類人猿の子どもと比べても、人間の赤ちゃんはなかなか大きくなりません。シカの子どもは、生まれた直後から4本足で立って歩きますね。本来、多産の動物の子どもはこのように速く成長する必要があるのに、人間の赤ちゃんは、非常に成長が遅い。

この矛盾は、身体の成長を後回しにして、脳の成長を優先したことで起こったものでした。直立二足歩行をするようになった人間は、骨盤の形を皿状にしたために産道の大きさが制限され、胎児の状態で脳を大きくしてから産むことができません。そのため、人間は脳が小さいままで赤ちゃんを産み、生後に脳を急速に発達させる必要が出てきたのです。ゴリラの場合、脳は生まれてから4年かけて2倍の大きさになり、そこで成長が止まりますが、人間の赤ちゃんの脳は、生まれて1年で2倍になります。人間の脳は、ゴリラの4倍の速さで成長するということです。

ぼくは、ゴリラの赤ちゃんを育てたことがありますが、ガリガリで体脂肪率は5％以下です。一方、人間の赤ちゃんは体脂肪率が15～25％と非常に高く、まるまると太っています。これは、多くのエネルギーを必要とする臓器である脳に、栄養を送り続けるためです。人間の成人では、摂取エネルギーの20％以上が脳に供給されています。体重のわずか２％しかない脳に20％のエネルギーを送っているということも驚きですが、成長盛りの赤ちゃんの場合は、実に45～80％ものエネルギーが脳に送られています。人間の赤ちゃんは、体の成長を犠牲にして脳を発達させているのです。

親以外のおとなたちも子育てに参加

こうして人間は、頭でっかちで、成長の遅い子どもをたくさん抱えることになりました。お母さんは、次の子どもを産むために子どもから離れざるを得ません。母親から離れた子どもは、周囲の人間たちが安心と信頼を保証しないと生きていけません。そこで共同体が必要になりました。こうして、おばあちゃんやおじいちゃん、そして家族以外の多くの人たちがみんなで子どもを育てるようになりました。

人間同士の信頼は、こういう社会の中で、子どもに無報酬の奉仕をすることでつくられてきたのだと思います。そうした人間の性質を表しているのが、赤ちゃんの泣き声です。ゴリラの赤ちゃんは、ずっとお母さんの腕の中にいるため泣く必要がありません。ところが、人間の赤ちゃんは、母親以外のおとなの手を必要とするので、大きな声で泣きます。赤ちゃんが泣いたら誰も放っておくことができませんね。本来なら自分で好きなことができる時間を赤ちゃんにとられる。しかも、その見返りとして自分は利益を何も得ない。でも、それが人間の社会の中では当然のことと思われているし、実際、あやしたり言葉をかけたりすることで赤ちゃんが一瞬でも笑ってくれたりするとすごくうれしい。だから、誰もが赤ちゃんに一生懸命尽くそうとするのです。そういう時間を共有しているうちに、おとな同士の間にも信頼関係が熟成されていったのでしょう。

食物分配は子育ての負担が大きい社会で起こる

食物を分配する特徴をもった種とそうでないものに分けると面白いことがわ

かります。ここでいう分配とは、相手に食物を差し出すような積極的な行動ではなく、相手が目の前の食物を取ってもそれを許容するといった消極的なものです。たとえば、ニホンザルは、基本的に食物を分配しません。序列のはっきりしたサルは、エサを前にすると、必ず強いほうが独り占めをし、弱いほうが引き下がります。一方、チンパンジーやゴリラは分配をします。エサを持っているオスは、弱い立場にあるメスや子どもから分配を要求されれば、取っていくのを見逃すことがある。これが霊長類の食物分配です。

霊長類には450(日本モンキーセンター編『霊長類図鑑』(京都通信社)2018年による)ほどの種があるとされますが、おとな同士で食物が分配される種では必ず、おとなから幼児に対しても食物が分配されています。しかし、おとなから幼児に食物が分配されていても、おとな同士で分配されるとは限りません。これはつまり、元々はおとなが、そのおとなが養育している子どもに食物を分配し、その行為が、おとなの間に普及していったということでしょう。

さらに興味深いのは、この食物分配が、ゴリラや人間など、高い知性をもった種にだけ起こることではないということです。南米には、タマリンやマーモセットなど、ポケットモンキーと呼ばれる小さなサルたちがいますが、彼らの社会では、おとな同士の間でも食物の分配が見られます。彼らは、双子、三つ子を当たり前のように産みます。複数の子どもたちをお母さんだけでは育てることができないので、年上の子どもや複数のオスたちが、生まれた子どもを背中に乗せて運び、子どもたちに食物を分配するなど、皆で世話をします。

つまり、食物の分配は、知性の高さではなく、子育ての負担の大きい社会で起こる現象であるということです。子育てにかかる親の負担が大きいと、ほかの個体が子育てに関与する機会が生じる。ゴリラをはじめ類人猿の場合、子どもの成長が遅いので、子育ての期間が長く、お母さんのお乳を長期間吸っています。離乳期間も長く、その間徐々におとなの食物を覚えていきます。お母さんが長い間手をかけなくてはいけないことも、負担が大きいということです。

短期間に成長の遅い子どもをたくさんつくる人間は、ポケットモンキーのような多産と、類人猿のような遅い成長という、食物分配を引き起こす二つの要因

をあわせもっているのです。

食物分配と共感力には強い関係があります。食物分配をしないニホンザルと、食物分配をするタマリンやマーモセットで、他者をいたわる行動（アザー・リガーディング・ビヘイビア）がどれくらい違うかを調べた結果、ニホンザルではこの行動が見られなかったのに対し、タマリンやマーモセットでは、脳が小さいにもかかわらず、この行動が多く見られました。

こうした研究から、共感力は、共同で子どもを育てる種、子どもの成長に時間がかかる種で発達した可能性が高いと推測できます。こうした共感力が、おとなと子どもの間だけでなく、おとな同士の間へと拡大したのでしょう。

サルにはサル真似ができない

ただし、人間の共感力の強さは、ほかの霊長類の比ではありません。

サルにも共感力はあります。１９９０年代の初めにジャコモ・リゾラッティというイタリアの学者は、サルの脳の中では、ほかのサルの行動を見ているときと、自分がその行動をしているときと同じ部分に電気が発生することを発見しました。まるで鏡に映したような反応であることから、ミラーニューロンと名付けられましたが、これは他者の考えていることを「理解する」能力ではありません。他者の感じていることを「同じように感じる」エンパシーと呼ばれる能力です。サルには「サル真似」ができません。相手の行動を即座にそっくり真似をすることはできないし、ましてや真似をする相手がそこにいない状態で同じことをすることはできないのです。

一方、人間は目の前にその人物がいなくても、そっくり真似ることができます。悲しい映画を観ると、映画館を出たときに気分が落ち込んでいるとか、ヒーロー映画を観たときには、自分もヒーローになった気分になるとか、こういう現象が起こるのは人間だけのものでしょう。他者と同じ動きができるだけでなく、同じような心持ちにもなります。他者が悲しんでいたら自分も悲しくなるし、他者が怒っているのを見ると自分も怒りたくなる。コピーする能力ともいえるこの感情の動きもまた、人間の高い共感力の証しです。

おせっかいな人間のおとな

「教える」という行為ができるのも人間だけです。

「学ぶ」ことはどんな動物でもします。動物の子どもは、親や年上の仲間に叱られて学ぶのが基本です。ニホンザルの子どもも、これをやったらまずいということを年上の仲間に叱られて学ぶ。「教える」のではなく、「叱る」ことで学ばせるのです。ゴリラは、ぼくのように、ゴリラになろうとしてゴリラの群れに入ってきた人間に対しても叱ってくれますが、これも「教える」ではありません。「教える」には条件があります。**自分と相手の知識の違いを互いに理解している状況で、知識のあるほうが足りないほうに自分の不利益を顧みずに行うのが「教える」で、教えるほうが、自分の利益になるような誘導の仕方をしたら、それは「利用」であって教えたことになりません。**

人間は、「教える」をさらに発展させ、親と親以外のおとなたちが、一生懸命子どもを先導します。

サルやゴリラの世界から見ると、人間は、とてつもなくおせっかいな生き物に違いありません。子どもがやろうとしていることに手を貸すだけではなく、まだやろうともしていないことに対しても、「こうなったらいい」「あれを見て。君もいずれあのようになる」などと言って、背中を押したり、子どもの手を引いたりする。こんなことはほかの動物は絶対にしません。共同保育が人間のおとなをおせっかいにしました。そして教育を生みました。人間はおせっかいになったからこそ、子どもは目標というものをもつようになったのです。

赤ちゃんにかける音声は世界共通

人間の家族を支える高い共感力は、共同保育と共食によって高められた特別な能力です。そして、この人間の共感力を向上させたのは音楽でした。

言葉の通じない赤ちゃんにかける言葉は、「インファント・ダイレクテッド・スピーチ」とか「マザリーズ」と呼ばれます。「対乳児発話」「育児語」などと訳されるこれらの音楽的な音声は、ピッチが高く、変化の幅が広く、母音が長めに発音されて、繰り返しが多い。これは、世界共通の特徴です。赤ちゃんは、言葉を聞いてもその意味を理解するわけではありません。聞いているのは言葉のトーン（音調）です。日本人の赤ちゃんが日本語を話せないイギリス人の言葉もちゃんと聞いているのは、トーンを聞いているからです。

ペットに話しかける「ペット・ダイレクテッド・スピーチ」もよく似ています。ぼくたちがペットに話しかけるとき、言葉を理解してくれるとは思っていなくても、赤ちゃんに話しかけるのと同じように話しかけますよね。ペットも、言葉を理解するのではなく、その声のトーンを聞いているわけです。

こうした音声を通じて生まれるのが信頼です。人間の赤ちゃんが、ゴリラのように抱きっぱなしではなく、離れても育てることができるのは、この音声があったからだとぼくは思っています。離れたところから声を投げかけても、赤ちゃんは、お母さんに抱かれているような幸福な気持ちになれる。まだ言葉を解さない子どもに対して与えられるこれらの音声が、やがて子守唄を生み、さらにおとなの間で広まって音楽になったというのがぼくの考えです。

人をつなぐのは言葉より音楽

　音楽のようなものがおとな同士の間に生まれると、お互いの間にあった壁が取り除かれ、あたかも肩を抱いたり、抱擁したりしたかのような一体感が生まれます。心を一つにしたような共感と言い換えてもいいでしょう。それは、相手への理解が高まったからではなく、音楽によって身体がつながり合っているような感覚を覚えるためだと思います。つまり歌は、身体がつながっていなくても、つながっているように思える音声コミュニケーションだということ。これは、現代のぼくたちにも理解できる感覚ではないでしょうか。一緒に声を出して歌うことだけではなく、同じ音楽を聴くだけでも同調できます。レクイエムや行進曲といった歌詞のない音楽も、聞いているだけで気持ちが揺り動かされますね。悲しい気持ちや楽しい気持ちを分かち合うこともできれば、意気を高揚させることもできます。それは、まるで人々が身体をつなぎ合わせるような感覚です。

　どんなに言葉巧みな演説も音楽にはかないません。どんな政治家も、集められる人数は一人の人気ミュージシャンにかなわないでしょう。それだけ音楽が人々を惹きつける魅力をもっているということであり、人々を同調させ、心を躍らせる力をもっているということです。**今も人間社会では、言葉より音楽のほうが、心と心を結びつけ、身体と身体を結びつける力をもっているのです。**

音楽の誕生は、人類進化史上、とても重要な出来事だったとぼくは思っています。音楽は、言語が生まれる以前から、人間が手にした大事なコミュニケーションツールであり、人間が大きな社会力をもつ源泉になってきたのです。

人々の心や身体を同調させるのは音楽だけではありません。スポーツもそうです。しかも、たとえ一緒にサッカーをしなくても、サッカーの試合会場で、ほかの観客とともにウエーブをするだけでも高揚します。

そういう仕掛けが人間の社会にはたくさん埋め込まれている。だから人間は大きな社会性をもつことができるのです。これは人間にしかない特徴です。

踊る身体を手に入れたことで、人間は共感力をさらに高めた。ともに踊ることで得られる一体感はアフリカも日本も同じ

二足歩行になった人間が手に入れたもの

共感力をさらに高める要因を、ぼくはニホンザルやゴリラの群れの中で見つけました。

ニホンザルやゴリラの群れの中に入ったとき、ぼくは、人間についていくつかの問いを立てましたが、中でも大きなものが、なぜ同じ類人猿である人間だけが四つ足でなく立って二足で歩いているのか、人間は直立二足歩行をすることによっていったい何を得たのか、という疑問です。

人間とチンパンジーの共通祖先から人間の祖先が分かれたときに始まったのが二足歩行ですが、二足歩行になった理由は、実はまだ100%はわかっていません。ひと昔前までよくいわれていたのは、人間は、その大きな頭を支えるために立って歩くのが最適だったということですが、脳が大きくなったのは、チンパンジーとの共通祖先から枝分かれして500万年も経ってからなので、その理論は成り立ちません。人間が二足歩行で獲得したといわれているのは、現在2説あります。一つは、サバンナで長距離を歩いて食物を集める際のエネルギー効率の良さ。もう一つは、手が自由に使えるようになったことです。

でもぼくは、ニホンザルやゴリラの群れの中に入ってみて、第3の説があると考えるようになりました。それは、共感力につながる「踊る身体」を手に入れたということです。

踊る身体が共感の源に

霊長類は、音声を出すとき、地面から手を離します。四足歩行をしていると、胸に圧力がかかりますが、上半身が立って手が自由になっている状態だと、胸にかかる圧が弱まり、重力で喉頭の位置が下がって、咽頭腔、つまり喉の空間が広がります。そのおかげでいろいろな声が出せる。木に登ったときも同様で、前足で身体を支える必要がなくなり、胸部への圧力がなくなって大きな音声を出せます。

人間は、二足歩行になることによって、常時この状態でいられるようになりました。これで、移動しているときも大きな声が出せるわけです。これは大きな変化でしょう。

声を出すだけではありません。ゴリラは、ドラミングなど音楽的な動作をするとき、必ず二足で立ちます。チンパンジーも、あたりのものを叩き回ってリズムをつくる動作をするとき、二足で走り回ります。立つということは、音楽的な身体表現をするときにも欠かせない動作なのです。

人間も同じだとぼくは思います。二足で立つことで、上半身と下半身が別々に動くようになり、支点が上がり、身体でいろいろな表現ができるようになりました。音楽的な身体を手に入れたといってもいい。この身体を活用して、人間は仲間と頻繁に同調するようになったのではないかと思います。「歌う」「踊る」という行為を通じて、離れた状態のまま他人の身体と自分の身体を合わせる。これが共感の源となります。人間は、食物の分配とともに踊る身体を手に入れ、共感力を使った新たな社会性をもつことができるようになったのではないでしょうか。

人間だけがつくりえた社会

こうして頭でっかちで成長の遅い赤ちゃんをたくさん産むようになった人間は、育児に多くの人手を要するようになりました。これが、人間の脳が大きくなり始めた200万年前以降に生じた大きな課題であり、この課題を解決するために生まれたのが共同育児です。そして、赤ちゃんという、まだ言葉の意味のわかっていない奇妙な生き物を前にした人間たちは、ほかの種にはない強い信頼関係を構築しました。

森林からサバンナに出てきた霊長類は多産になりましたが、人間と同じような道を歩んだ種はいません。彼らは、森林に棲む近縁種より成長の早い子どもをたくさん産んで、高い幼児死亡率に対応しました。マントヒヒやゲラダヒヒのように、単雄複雌（オス1頭と複数のメス）で構成する小さな群れが集まって数百頭の大群をつくる霊長類も現れましたが、彼らはライオンなどの強力な地上性の肉食動物に対抗するために集まっているだけで、人間のように高い共感力をもって、群れの中にさまざまな集団をつくり出すことはできません。

共同保育によってつながった社会こそ、人間だけがつくりえたものであり、それゆえ、ぼくたちは同じ社会で暮らし、さまざまな集団を遍歴することに生きる意味を見出すことができるようになったのです。

第5章

生物としての自覚を取り戻せ――
AIに支配されないために

このまま情報化が進めば、
人間は「考える」ことをやめるかもしれません。

ＡＩ社会の中で人間の生物の部分を見つめる

人間は生物として進化し、社会をつくってきました。言い方を変えれば、こういう社会をつくったからこそ、長い時間をかけて、生物学的な性質を変えて文化的な力をもつようになったということでもあります。それが、共同保育や共食、音楽といった、人間にしかないコミュニケーションによって発達した共感力であり、他者を思いやる気持ちです。

しかし今、生物としての人間に備わっているはずの力を失おうとしています。それは、インターネットやスマホなどの登場によって、コミュニケーションの方法が変わったからです。

未来の社会を考えたとき、ＩＣＴ、ＡＩはさらに発展するでしょう。スマホを使ったビジネス、あるいは制度上の仕組みもどんどん登場しています。スマホがあればタクシーもすぐに呼べるし、現金なしで決済もできる。いずれ学校に行かずに自分の好きな時間帯に授業や試験が受けられる取り組みも始まるでしょう。インターネットから離れられなくなるのは仕方のないことだと思います。生活自体を昔に戻すことができないのであれば、現実世界に合わせていくしかありません。

発展する科学技術との共存は可能だと思います。ただし、現代文明と付き合うには、人間が「生物として」進化してきたということを今一度自覚して、生物としての人間の幸福な在り方、生き方を考えなくてはいけません。ほかの生物に倣うのではなく、「人間」の中にある生物的な部分を見つめるのです。その生物的な部分をないがしろにせず、大事にするためにはどのような仕組みを社会の中につくったらいいのかをぼくたちは考える必要があります。

離乳期に与えられるべき安心感

人間には、成長過程において、生物学的に弱い時期が2回あります。その時期の子どもは、おとなが支えなくてはいけません。今、人間が進化の歴史において当たり前のように育んできた信頼関係を構築できずにいるケースが増えています。それは、この弱い時期に、親やそれ以外のおとなたちから与えられるべき安心感や肯定感を得ていない、あるいは、感じられずに育っているからなのではないかと思います。

まずは乳離れの時期です。赤ちゃんは、抱いてくれたおとな、離乳期に食事を与えてくれたおとなに対して全幅の信頼を寄せます。離乳期の子どもたちは、お母さんやお父さんだけでなく、ほかのおとなたちとも信頼関係を取り結ぶことで、「この世界に自分が受け入れられている」「みんなに愛されている」という感情を抱きます。それは、子どもたちが意図してできるものではありません。いろいろな人が抱き、優しい声で語りかけることで、子どもは安心感を得るのです。

子どもたちは文字や言葉ではなく、五感によってさまざまなことを理解します。小さな子どもは、何か不安なことがあると、お母さんの手を握ったり、スカートを摑んだり、何かしら接触を求めてきますね。どこかでつながっていたいという気持ちがそうさせるのです。何かを指差すのは、同調してもらいたい気持ちの表れです。自分が見ているものを一緒に見ている、他者の五感と自分の五感が一緒なのだということを確かめ、自分は一人ではないという感覚を得たい。自立性と自発性をもち始めると、子どもは他者を自分に引き寄せる行動をとり始めます。でも、それ以前は、「自分は一人ではない」という感覚を他者から与えられないと、自分が世界に受け入れられているという感覚がもてません。それが離乳期には絶対に必要です。

本来、人間には生まれつき世界を感知する能力があり、成長の過程でそれをほかの霊長類よりずっと大きなものに拡大していきます。離乳期にもその力を発達させ、世界を広げていきますが、親と子には距離がないので、世界を広げる力は、親との触れ合いだけでは育めません。**親以外の他者と触れ合い、世界に自分が受け入れられているという確信を深める過程で、子どもは感知する世界を自分のものにしていきます。**子ども時代に、こうしたさまざまな人との接触を通して、人々が感じている世界を自分に取り入れていくことを経験できないと、信頼関係がつくれないおとなになってしまいます。

心身のバランスが崩れる思春期スパートの危うさ

人間のもう一つの弱い時期が、「思春期スパート」と呼ばれる10代中盤から後半にかけての時期です。

第4章で説明したように、人間の赤ちゃんの脳は、生まれて1年で2倍になります。赤ちゃんがまるまると太って生まれてくるのは、蓄えた脂肪を補助手段として脳に栄養を送り続けるため。栄養供給が途絶えると脳の成長がおぼつかなくなるので、脂肪を燃やして脳にエネルギーを供給するのです。その後、人間の脳は、５歳で成人の90％まで発達します。こうして身体の成長を遅らせてまで、脳に膨大な栄養を送った幼児期を過ぎると、今度は脳の成長がゆっくりとなり、ようやく身体にそのエネルギーを回せるようになります。そして、12歳～16歳になると脳の成長が止まって、それまで脳の成長に使われていたエネルギーを身体の成長に回すことができるようになります。この分岐点で身体は急激に成長します。この時期が思春期スパートです。

これは、正確には女の子のほうが男の子よりも約2年早く訪れます。女の子は、胸が膨らみ、体つきが丸くなって、外見的な女らしさが急激に増し、異性からの視線を意識するようになる。ただ、排卵や月経が不規則で、おとなのような排卵条件が整っていないので妊娠しにくい。男の子は、女の子から約2年遅れ、声変わりをし、ヒゲが生え、すね毛が生えるなどの変化が起きます。精子の生産も始まり、勃起をし、射精や夢精をしたりする。男の子の場合、生殖能力は確立されるけど、まだ筋肉は発達しないので、体つきは子どものまま。おとなの男とは見られません。

出産や育児に関しては、多くの哺乳動物と同じように人間もまずは女性に負担が偏ります。女の子は、これから産む子どもと自分を守ってくれるパートナーを慎重に選ぶ必要がある。そのために自分がどう見られるかということを試さなくてはいけません。女らしくなった外形をもとにおとなたちと付き合い、そこで信頼できる仲間をつくってから子どもを産む決断をするのです。一方で、男の子のほうは、すぐにおとなの身体になってしまったら、おとな同士のトラブルに巻き込まれて傷つく恐れがあります。人間の社会で、昔から男同士の身体的なぶつかり合いが多いのはそのためです。男の子たちは、子どものままの身体でおとなたちからライバル視されるのを防ぎながら、男同士の競争の中で人間関係を調整し、トラブルを乗り越え、自己主張する方法を覚えていく。男の子の場合は、徐々におとなになっていく身体を試しながら、社会交渉能力をつけていくわけです。

男女で成長の違いはあるものの、**男の子も女の子も性的魅力が増し、心身のバランスを崩すこの時期は、自分に起きるもろもろの現象が自分の中で解決できなくなります。**それで過激な行動に出たり、友人と仲違《なかたが》いをしたり、大なり小なりさまざまなトラブルを起こす。乳離れの時期だけでなく、この思春期スパートの時期もおとなが支えないと、社会的にきちんと自分を見据えられないおとなになります。

情報化社会の行き着く先にあるディストピア

少し前までは、どこかでおせっかいなおとなたち、あるいは、おせっかいな年上の子どもたちが出てきて、信頼がつくられたり、不安が解消されたりしていたように思います。弱い時期の子どもたちが社会から切り離されていなかった。ところが、ネットワーク社会となった今、彼らをつなぎとめる社会の仕組みがなくなりつつあります。

インターネット社会では、他者の目がしがらみや視線の暴力となって個人にのしかかります。生身の人間としてつながる社会ではなく、点としてインターネットに浮かぶ存在となったために、すべては個人に帰せられ、決断も個人に丸投げされています。自己実現、自己責任が問われるのは、ネット社会ゆえでしょう。世界に点としての自分しかいなければ、他者に責任を預けるわけにはいきません。もちろん、誰かに責任転嫁することはできるかもしれませんが、連帯はできません。だから孤独になっていく。

このまま進めば、社会は、自分の欲望だけを信じ、他人のことなどどうでもいいという個人の集合体になってしまう可能性があります。自分にとっての敵を共同で排除するため、もしくは自分の利益になる存在だからつながる。他者とつながることにそうした意味を求める利益中心の共同体ができつつあります。

国連のユネスコをはじめさまざまな組織が、「誰一人として取り残されない社会の実現を目指す」ことを課題に掲げていますが、こうしたことをこぞって言い始めたのは、世界が今、それとは逆の方向に向かっている証しでしょう。特に若い世代は、取り残されたくないという不安を抱えているように思います。他者に頼ることができなくなっているのです。保険という仕組みがあるのは、信頼関係で結ばれた共同体が機能しなくなっているからでしょう。人間が信頼し合っていたら、困ったら誰かが助けてくれるわけですから保険などかける必要はありません。個人が困ったときに誰も助けてくれない可能性があるからこそ保険をかける必要が生まれているわけです。頼れるものが何もない中、個人が取り残され、格差が増大する。それは、情報化社会の行き着くディストピアです。

リアルな付き合いでギクシャクしてみる

ぼくたちは、インターネットでつながった社会も言葉も、捨てることができません。でも、ネットの中だけでつながっているのは危険です。インターネットは、人間を情報化する装置であって身体でつながることはできません。相手はなりすましているかもしれないし、もしかしたら存在すらしていないかもしれない。嫌になったらすぐに消せる存在でもあるし、消される存在でもあります。

情報交換をするためのツールとして電話やメール、インターネットが登場したといっても、ひと昔前までは最初に人間の五感がありました。ところが、今は生まれたときからインターネットのフィクションの社会があります。まずはインターネットを通して世界を知り、次に生の経験をする。かつてとは順序が逆です。そして、先に存在するフィクションとしての世界は、自分の好きな情報でつくられた世界です。それは本来、他者と共有できるものではないのに、デジタル世代の子どもたちは、その構築された世界の中で見聞きする情報を互いに交換している。自分で見た世界の情報を交換していた時代の人間とは違います。

フィクションの世界での経験だけを積み重ねていると、繰り返しも再現もできないリアルな世界とすり合わせることができなくなります。リアルな世界では、失敗しても前に戻れないし、傷つきもする。なぜ、フィクションの世界のように自分の思い通りにいかないのか悩みます。そして、わけがわからなくなって暴力を振るったり、泣き叫んだり、閉じこもったりしてしまいます。

こんなはずではなかったと思う前に、生の世界を直観力で切り抜ける能力を鍛えないといけません。そのためには、現実の世界と身体を使ったリアルな付き合いをする必要があります。実際のフィジカルな接触でも、声だけのやり取りでも、気配を感じるだけでもいい。インターネットで情報をやり取りして終わりではなく、会って、作業をともにして、相手の世界の中に入って、ときにギクシャクしてみる。そうすると、いろいろな感情が芽生えます。相手に受け入れられる、拒否される、裏切られる。こうしたことを繰り返して、人間と人間が付き合うということはこういうことなのだと学んでいく。

こうして自分の価値が単純なものではなく、さまざまに受け取られるものであることがわかっていくのです。自分を受け入れる友だちだけと付き合っていれば生きる意味がわかるかというとそうではありません。いろいろな人間関係があるからこそ、自分が存続できます。人間は他者の評価によってつくられるものです。だから、いろいろな自分をつくっておかないと、ある特定の個人が自分を拒否、否定したら自分はなくなってしまいます。自分を支え、自分に期待をしてくれる人がいろいろいるからこそ、どこかで信頼を失っても、どこかで関係が崩れてしまっても、生きられるのです。

食事の効率化が招いた孤独

生物として歩んできた人間が築いた社会において、もう一つの大事な要素が、食事をすることです。しかも、一人ではなく仲間と一緒に食卓を囲むこと、つまり「共食」です。人間は、信頼を紡ぐ接着剤として食物を利用し、食物革命を進め、社会交渉の時間を増やしてきました。

しかし今、人間は、食についてなるべく効率的に時短で済ませようとしています。コンビニエンスストアができ、お湯を注げば食べられる食品や、電子レンジで温めるだけですぐに食べられる料理が開発されるとともに、孤食も当たり前になりました。飲食店に「ぼっち席」と呼ばれる一人用の席が多く設置され、自分の食事風景を皆の視線にさらしたくない人たちに好まれています。さらには、トイレに入って一人でランチを食べる人まで現れている。

これは、人間が社会性をつくり上げてきた過程を見れば、明らかに逆行していることです。共食をないがしろにしている現代は、社会や文化を崩壊させる方向に進んでいることにほかなりません。

特に近代以降、人間は、便利であること、効率的であることをよしとしてきました。時間はコストだから、コストを減らすためには時間を節約することが善なのだ、という考え方です。時間を節約することによって「自分の時間」を手に入れることが自分の欲求を満足させる近道とする考えも広がりました。ぼくは、これは大きな間違いだったと思っています。「自分の時間」は、孤独をつくることにつながりました。結局、人は自分の時間を手に入れても何をしていいのかわからない。それは、そもそも人間が一人で時間を使うようにできていないからです。

ぼくは、アフリカの森でフィールドワークをしているとき、単独で行動するひとりゴリラを追っていたことがあります。彼は何年間もずっと誰とも仲間をつくらず単独で暮らしていました。ゴリラのオスの多くは、生まれ育った群れを出て、こうした「ひとり暮らし」をし、思春期になって群れを離れようとするメスに気に入られると、そのメスを誘い出して一緒に群れをつくります。**ぼくが追っていたひとりゴリラは、ひとり暮らしを楽しんでいるように見えることもあったけれど、観察していると、ときに「もう孤独に耐えられない」という態度を見せました。**遠くの山をながめながらぼんやりしていたり、低くうなりながら自分の身体を毛づくろいしたり。遠くでゴリラの声が聞こえると、思わず身を乗り出して聞き耳を立て、声のした方向へ歩み出したり。

人間も同じではないでしょうか。「孤独である」「自分の時間をつくる」＝「自分の好きなことができる」とは限りません。

「共食」をないがしろにした代償

すべて一人でなんとかできるのであれば社会は生まれていません。一人なら、場所や時間を選べば、何も気にせず、好きなものが食べられます。風呂で食べてもいいし、どんな服を着ていてもかまわないし、食器さえ要らないかもしれない。実際に今、そのように食べている人も少なくないのかもしれません。

食べる行為において、「誰と」が非常に重要な要素であることは、群れをつくるサルも人間も同じです。この「誰と」を取り去ってしまったら、社会は発達してこなかったでしょう。そして、人間がほかの霊長類と異なる社会をつくりえたのは、とりわけ、この「誰と」の部分を変えてきたからです。

人間にとって、食事をしながら時間を共有する、という行為を失うのは、人間の最大の幸福を失うことに等しい。時間の共有こそが人間にとって大事なことだからです。他者と一緒に食事をしながら、争うことなく平和に過ごす。サルには不思議に見えるこの光景は、人間にとってかけがえのないものであり、他者との間をつなぐ大事なものです。

そもそも人間の身体はまだ狩猟採集生活に適した身体のままです。女性なら一日に9キロ、男性なら15キロくらいゆっくり歩行し、繊維質のものを食べて胃腸を活性化させるようにできています。それなのに、たいした距離も歩かず、椅子に座ったまま、糖分が高い炭水化物をたくさん食べている。胃腸が働かずに内臓脂肪が溜《た》まるのは当然です。ぼくは、フィールドワークでサルと一緒に森を動いていると、自分がだんだん健康になっていくのがわかりました。

人間らしさの基本をなす共食を軽んじて無理やり社会を変え、人間の生理的、生物学的特徴をそれに合わせようとしているのが、現代の人間です。身体自体が変化していないのに、取り巻く環境は大きく変わっている。だからつらい状況にある。うつ病などの精神障害、睡眠障害、虫歯、成人病などの疾病はすべて、そのギャップから生まれているものです。そして、さらに共食の習慣が失われようとしています。生活習慣病が身体と食のミスマッチから生じているように、社会のひずみも社会と食事のミスマッチが生み出しているのです。

一人だけの幸福はありえない

人間は、一人だけで幸福になることはありえません。仲間との間につくられた信頼関係の中にしか人間の幸福はありません。人類は、その進化の過程で、信頼関係を結ぶ仲間の数を増やし、社会の力を向上させてきました。その過程でさまざまなものが生まれました。**芸術、農業、牧畜、漁業、林業、工業、科学技術などはすべて人間が生み出してきたものです。それらを生み出した先に、より多くの仲間と信頼関係を結ぶことが幸福につながるという確信があったのでしょう。**

仲間の数を増やしたのは動物も同じかもしれません。ただ、人間以外の動物には、人間のようなコミュニケーション技術をつくることはできませんでした。信頼関係ではなく、身体の同調だけで成り立っているヌーの大群のような例はありますが、それは、大量かつ均一に得られる草を食べる能力と、肉食獣の脅威から身を守ることによってできたものです。類人猿のように、一定の信頼関係をつくり上げている種もありますが、やはり一定以上に仲間の数を増やすことはできませんでした。熱帯雨林を出ていないことがその証拠です。熱帯雨林から出て多様な環境に適応するためには、人間のように自分を犠牲にしても仲間のために尽くそうとする強い共感力をもった社会をつくる必要があるからです。

ぼくは、2018年にブータンのジグミ・シンゲ・ワンチュク第四代国王に会う機会がありました。世界で話題となった国民総幸福量＝GNH（Gross National Happiness）を考えた人物です。彼が最初に考えたのは「満足度」でした。しかし「満足度」は個人に帰するものであり、一過性のもの。それで「幸福度」に決めたそうです。確かに、幸福は個人が感じるものではあるけれど、家族やコミュニティなど空間的な広がりが欠かせません。一人だけで幸福とはいえない。幸福を感じるには時間も重要で、ある一定の時間、幸福と感じなければ幸福とはいえません。前国王の言葉を聞いて、ぼくは大いに納得しました。

迷惑をかけ合うことを幸福とする世界に

人間は本来、他者に迷惑をかけながら、そして他者に迷惑をかけられながら、それを幸福と感じるような社会の中で生きていく生物です。迷惑をかけることで絆は深まる。ぼくは、このことをアフリカの人々やゴリラから学びました。

アフリカの人たちは、子どもは皆のものという意識が強い。いいことをしたら褒めるし、悪いことをすれば叱る。ぼくが家族でアフリカに赴任していたときも、ぼくの子ども2人をとてもよく面倒みてくれました。

ガボン共和国のムカラバ国立公園でニシローランドゴリラのフィールドワークをしていたときには、心優しいシルバーバックとの出会いがありました。あるとき、彼が率いるグループでひとりゴリラとの衝突事件が起きます。この衝突によって、乳離れ間近の子どもゴリラが、母親を失うと同時に、右手のひじから先を失う大ケガをしました。ぼくたちはこのゴリラにドドという名をつけていたのですが、母親もおらず、手をついて歩くこともままならなくなった彼の運命は厳しいだろうと誰もが思いました。ところが、ドドは生き延びた。それはシルバーバックの思いやりのおかげでした。移動時、群れから遅れがちなドドをゆっくりと待ち、木に登れないドドのために木の上からフルーツを落とす。心折れずにたくましく生きるドドの姿とともに、そのシルバーバックの思いやりにぼくは感心しました。そして、安全な森からサバンナへ出て、別の森に移動していくときに、その思いやりはシルバーバック以外のゴリラにも表れました。先に森に入った若いオスゴリラらが森の縁まで戻り、ドドが安全に森に到達するまでじっと見守っていたのです。

仲間を思いやるこうした行動は、危険な状況に直面したときに強化されます。きっと人類の祖先も熱帯雨林からサバンナに出ていく過程で共感力を高めていったのでしょう。ゴリラが家族的な集団の中で見せたこの共感力を、人間は、家族よりずっと大きな集団に拡大してきました。それが今、弱体化しつつあります。これからの時代に、その共感力や社会力をどうやってつくっていくかがぼくたちの課題でしょう。

「不正解でなければいい」という考え方

ＡＩと共存しながら人間らしく生きていくためには、生物としての野生の力も見直す必要があるのではないかと思います。

ぼくは、フィールドワークの最中に何度も死にかけました。それでもまだ生き残っているのは、もちろん運もあるけれど、野生の力、直観力も働いていたのかもしれないと思っています。

野生の世界というと、運がいいか悪いかで生死が決まるかのような印象があるかもしれませんが、ただの行き当たりばったりとは違います。「行き当たりばったりを予測している」のが野生です。だから、何が起こってもおかしくないと思って身構えていないといけない。突然、ヘビが出てくるかもしれないし、イノシシが飛び出してくるかもしれません。とっさの判断が求められます。ただ、そこで必ずしも正解を導き出す必要はありません。不正解でなければいいのです。いくらでも方法はある。その中で、とにかく間違っても自分が死ぬようなことにならないようにする身構えが大切なのです。

たとえば、同じ種類のヘビでも、状況が違えば、行動は違いますね。警戒していなければ襲ってこないし、人間を敵だと思わなければ襲ってこない。大事なのは、そういうことを感じ取れるかどうか。たとえば、ジャングルを３人で歩くとき、ぼくは先頭を歩きません。先頭には、ぼくが一番信頼できる優秀な地元の人間をつけます。先頭の人間が気づくかどうかで、ぼくたちがヘビに襲われる危険性が変わってくるからです。

ガボンでニシローランドゴリラの調査をしていたとき、ゴリラに襲われたこともあります。長らく研究してきたルワンダのマウンテンゴリラと彼らの行動文法が異なることをぼくが理解していなかったのです。しつこく群れを付け回していたぼくにイライラしたメス２頭が前後から襲ってきた。頭をかじられ、足を噛まれて血だらけになりました。肉食動物が獲物を仕留めるときは、一瞬にして息の根を止めます。殺そうと思っているからです。でも、ゴリラは植物食ですから、ぼくを食べようとは思っていません。排除しよう、思い留まらせようと思って飛びかかってきているので、どこまでやるかはぼくの反応次第。戦おうという意思を示したら本気になるはずです。もしあのときぼくがジタバタしていたら、犬歯を突き立てられ、頭に穴が開いていたかもしれません。そうしなかったのは、一瞬の判断でした。

自分の五感で隠れているものを感じる

人間も、言葉をしゃべるようになる前まで、こういう世界で身体も心もつくられていました。隠れているものを感じる能力も備わっていたはずです。京都大学の近くに「哲学の道」という場所がありますが、この道にもぼくの耳では感知できないものがたくさんひそんでいます。見えている自然は、見えていないさまざまなものとつながりをもって成り立っていて、そのすべてのつながりの中に自分がある。そうしたつながりを感じる情緒を古来日本人はもち続けてきました。

ところが今、その心を失いつつある。フィクションの世界に住むようになった人間は、自分が知りたい情報だけを抽出して、あたかもそれが世界をつくっていると錯覚し始めています。インターネット社会の中で駆使されるのは視覚と聴覚だけです。目に見えないこと、耳に聞こえないことをないものとして排除し、見えるもの、聞こえるものだけで人間が住む世界をつくってきた結果、隠れているものがわからなくなりました。**グーグルマップのようなナビゲーションシステムを利用しているとき、現実の五感で感じる世界は二の次になっているのではないでしょうか。現代に生きるぼくたちは、バーチャル空間に生きているといってもいい。**アフリカのジャングルのフィールドワークでスマホのＧＰＳ機能を使う学生を見て驚いたことがあります。ＧＰＳを使えば、自分の位置と目的地までの距離や方向がすぐに出てきます。だから、なるべくまっすぐ目的地へ向かおうとします。でも、その間には川や湿地帯、棘のあるやぶや危険な動物がいそうな場所など、さまざまな障害があります。むしろ遠回りしたほうが安全に早く目的地に到達できる場合が多い。ＧＰＳだけに頼るとそ

うい った判断ができません。

機械化、情報化が進む今だからこそ、もっと人間本来の能力を発揮できる環境をつくるべきだし、少なくともそういう方向に進むように調整すべきだと思います。とりわけ子どもの頃に、人間としての自分の身体がどういう世界で生まれ、どんなふうにつくられているのかを自覚するチャンスが与えられなくてはいけない。そういう環境を与えるのはおとなです。

ぼく自身は、運がいいことに、部分的にでもそういう環境が与えられる少年時代を送ることができました。当時の東京・国立市にはまだ田園風景が残っていて、クヌギ林もありました。二次的自然であっても、今のコンクリートジャングルよりだいぶましでしょう。だから、大学に入って屋久島の原生林でサルを追い、アフリカの熱帯雨林でゴリラを追う生活の中で、人間の手の入っていない本物の自然と向き合うことで「人間というものが本来どんな生き物なのか」ということに気づく素地があったのだと思います。それは非常にありがたいことでした。

人間は考えることをやめるかもしれない

もっといえば、このまま情報化が進めば、人間は「考える」ことをやめるかもしれません。言葉が生まれたことで、人間の脳は発達をやめました。言葉が、視覚や聴覚、嗅覚を担保してくれるおかげで、人間は自分の五感として脳の中に記憶しておく必要がなくなりました。見たものや感じたことを言葉でラベルしておけば、何かを見たときに言葉によって思い出すことができるからです。つまり言葉を得たことは、外付けの記憶媒体を得たことと同じなのです。

さらに人間は、テクノロジーを発達させ、その記憶媒体を大容量にしました。友だちの連絡先どころか、自分の携帯電話の番号さえ記憶していない人もいるのではないでしょうか。こうして、あらゆるものがデータベース化され、自分の脳を使わなくなっています。実際、現代の人間の脳は、1万2000年前に農耕牧畜を始めた頃の人類の脳より10％小さくなっているとする説もあります。われわれホモ・サピエンスより、すでに滅びてしまったネアンデルタール人のほうが脳は大きかったこともわかっています。

今は名前やモノにラベルを貼り付けているだけかもしれませんが、今後、「考える」能力まで外付けになる可能性があります。実際、その兆しはすでにあります。たとえば、ネット上のショッピングサイトで買い物をすると、次回から、そのサイトを開いたとき、「あなたはこういうものが好きなはず」「あなたはこういうものを選ぶはず」という具合に自分におすすめの商品が表示されますね。ＧＡＦＡ（グーグル、アマゾン、フェイスブック、アップル）に代表されるプラットフォーム企業は、個人の好みや傾向などのデータを大量に集約し、ビジネスに反映させています。そして人はそれに誘導され、やがて、買い物をするとき、自分で考えなくてもクリックするだけでよくなります。

人間はこれまでコンピュータを考え出し、インターネットを発明し、ＡＩを発展させてきました。こうしたものを「考え出してきた」時代はよかった。しかし、人間がこうしたものに誘導され、自分の好みはこうだと思い込まされてしまい、考えることをやめてしまったら、自分の欲求はこの方向に向かっているに違いないと錯覚して、もうくよくよと考える必要がなくなります。もしかしたら、そのほうが楽かもしれません。でも楽になったその自分とは、いったい何者なのでしょうか。考えることをやめて、ＡＩに操作される存在になった**人間は、もう人間ではなくなってしまうのではないでしょうか。**

おとなは皆子どもに対して責任をもつ

ぼくたちが子どもの時代には、確実といわれる未来が、まだ見えていました。科学技術の進歩によって幸福な時代を迎えられると信じることができていた。課題がたくさんあったからこそ、課題の解決は未来社会が担う役割であるということが明確でした。そして、課題が解決されたときの未来が、いかにも幸福な社会に映ったわけです。たとえば、病気が撲滅されて寿命が伸びる。世界各国の人々がビザなしで行き来できる。世界各地の人々と瞬時にコミュニケーションができる。そういう未来が目の前に迫っているような気がしたし、実際、予想した未来はやってきました。

ところが、実際にその未来がやってきたら、その先に、解決できない未来が見えてしまいました。未来そのものが霧の中に沈んでしまった。価値観を喪失したともいえるかもしれません。若い世代に対してぼくたちが責任を感じるべきは、夢のある未来社会を彼らに見せることができていないことでしょう。

人間のおとなはすべて、自分の子どもではない子どもに対しても責任をもっています。自分の子どもであるかないかに関わらず、子どもを育てる。この性質を捨て去ってしまったら、人間は生きる意味を失ってしまうといってもいい。ぼくたちおとなが死んだ後に未来の社会を担い、生きていくのは彼らです。次世代の人たちはぼくたちが滅びた後の世界を見る権利をもっていて、彼らが見る世界のためにぼくたちは義務を果たさなくてはいけない。そして若者たちも、自分たちの次の世代に対し、どういう責任をもって、どんな世界を渡したらいいのかを十分に考えなくてはいけません。それが人類共通の目標であることをあらためて認識する必要があります。

人類という種の歴史を背負った自覚を

生物は、類あるいは種としてあるのではなく、個体として存在します。ゴリラとひと口にいっても、それぞれは別の個体です。だから、ぼくたちはタイタスとかパックなどと名前をつけて付き合ってきました。もしかしたら、彼らもぼくに名前をつけていたかもしれません。いずれにせよ、互いにとってかけがえのない個別の存在です。つまり、人間対人間でも人間対動物でも、基本は個と個の付き合いであって、それは相手がニホンザルでもキツネでもトカゲでも同じ。個体というのは、社会を考えるときの基本的な単位であることに変わりありません。ぼくはこのことをゴリラから学びました。

しかし同時に、彼らはゴリラとしての種の歴史も背負っています。それぞれの種には、それぞれが進化をしてきた場所、背景、時代があります。基本は個体だけれど、その個体がつくられた時間的なつながりや空間的なつながりすべてを背負ってはじめて個体があり、個体の類縁としての種の歴史があるのです。

そして人間も、一人一人異なる個人であると同時に、人間という種の歴史を

背負っています。そう考えたとき、自分と地球全体の生命とのつながりが見えてきます。多くの生物にとって、人間の存在は自分の感覚では把握できない未知のものかもしれません。でも、その未知の存在である人間が及ぼす効果がどんどん大きくなって、今、地球は壊れかけている。すでに説明したように、地球上の哺乳類の9割以上が人間と家畜であり、「神の手」をもった人間は、さらに多くの生命をつくり変えようとしています。人間がまだよくわかっていないところで回っていた地球のメカニズムが、どんどん人間の手中に収まり、人間主体の地球になってきているのです。

46億年前に地球ができて、人間は地球上に生まれた生命の一つの形として進化してきました。地球とは切っても切れない縁があります。その地球を壊して、人間の存在を忘却するのであれば、人間の手に負えなくなった地球をやがて人間は捨てるでしょう。それはつまり、人間が人間を捨てるということです。

今、ぼくたち人間にできるのは、地球を壊さないこと。そして、生物としての自覚をもう一度取り戻すことです。

第6章　未来の社会の生き方——生活をデザインするユートピアへ

世界は本来、「実は正解がいくつもある」
というものに満ちています。
たった一つの正解に至らなくても、
決定的に不正解に陥らなければ、
戦争も起きないし、命も失われません。

物ではなく、人が動く時代へ

今、人間を取り巻く環境は、ものすごいスピードで変化しています。この先どうなるのか、誰にも予測がつきません。この予測不能の時代は、Volatility（変動性）、Uncertainty（不確実性）、Complexity（複雑性）、Ambiguity（曖昧性）の頭文字をとってVUCA（ブーカ）の時代と呼ばれます。アメリカの自国優先主義や、イギリスのブレグジットなど、今、世界では反グローバルな動きが起きていますが、これは一過性のもので、どこかで反発が起こり、再びグローバル化が進むのではないかというのがぼくの予測です。そのときにどういう現象が起きるのか。この先に訪れるのは、物が動くか、人が動くか、どちらかの世界でしょう。

物が動く時代になるとどうなるか。自分が動かなくても、ネット上でアバターという自分のアイコンに経験させることができるようになります。すでに今、バーチャルの世界で自分の分身をつくり、自分の技術を使ってスポーツをすることが可能になっていますが、これを延長してインターネットの中の映像や環境を現実に近づければ、自分の身体を使わずに宇宙にも行けるし、深海にも潜れるし、外国で異文化体験もできます。自分はまったく動かなくていい。でも、これは非常に危険です。なぜなら、第1章で述べたように、信頼関係は身体をつなぎ合わせることでしか得られないものだからです。この考え方を実現するためにいろいろな動きが生まれています。

ぼくが期待しているのは人が移動する時代です。物が動かなくなれば、所有がなくなり、シェアが増えます。今、日本では各地で空き家が増え、日常使わない車が駐車場にあふれていますが、家も車も現地にある物をシェアして使い、物がなければそこでつくればいい。シェアが増えれば物づくりの速度は鈍るかもしれませんが、サービスやデザインに価値を転換して新しいビジネスを創出すればいい。今の若者たちは、あまり物をもたなくなりました。彼らは、もたないことの意味や価値を十分認識しているように思います。人の価値が所有物によって測られるようになったこれまでの流れを考えれば、所有がなくなることで、人はもっと生きやすくなるかもしれません。

拠点を複数もつ生活もいいと思っています。人間は、もはや定住する時代ではないかもしれません。人間が生身の身体で、異文化を尊重する気持ちをもって異なる文化に入り込んでいくことができれば、個人がリアルな社会で複数のパーソナリティをもつことができます。**ＩＣＴやＡＩをさらに多用していく時代になれば、都会に人は要らなくなります。機械と、それをコントロールするわずかな人数の人がいるだけでいい。そうすると、ほとんどの人は仕事をしなくてよくなるでしょう。こういう未来が来たら、大きな変化が起こります。**

次に来るのは新たな遊動の時代か

ＩＣＴやＡＩの活用によって、働かなくても生きていくことができるようになれば、「生きるとはどういうことか」に、人々の視点が移ります。農耕や牧畜が始まって以来、人々は働くことで生きる意味を見出してきました。でも、狩猟採集の時代はそうではなかったはずです。食料を見つけるのにそれほど時間はかからなかったし、皆が働く必要もなかった。食料がなくなれば、場所を移り、人々は物を所有せず、シェアをしていました。この時代の精神に戻るのではないでしょうか。ぼくはそれを「遊動民の時代」と名付けました。

もちろん、昔の狩猟採集時代に戻るわけではありません。可能性の一つは、働かなくても基本的な生活をするためのものを得られる「ベーシックインカム」(就労や所得などに関係なく、政府が全国民に定期的かつ無条件に最低限の生活を送るのに必要な現金を個人単位に支給する制度)の上に成立する社会です。働いて自分の生きる糧を得る必要がなくなったら、ぼくたちは信頼できる仲間と、あるいは、まだ信頼関係は築いていないけれども新しく関わる人たちとの間で、生きる喜びを見出していくことになります。生産的ではない、つまり働かなくてもいい人間の活動は何かといえば、それは芸術でしょう。芸術活動が盛んになり、生活自体をデザインしていく時代になるかもしれません。

一方、こうした時代になっても、人間社会の原点は「食事」です。人間はサルや類人猿と共通する身体をもっています。それはつまり、毎日数回食べなくてはいけないということ。なおかつ、人間にとって食事は他者と分け合うものです。霊長類が、いつ、どこで、何を、誰と、どのように食べるかという五つの課題を解決するために日々頭を巡らせるのと同じく、人間も日々その五つの課題を果たすことが、社会性の原点、人間の文化の根幹であり続けるはずです。特に「誰と」ということに関して、人間はこれまでさまざまなものを発明してきました。椅子も机もテーブルクロスも食器も、服装も、食卓におけるマナーもすべてそうです。誰と食べるかによって食事は変わります。

将来、食料を自分で探す必要がなくなれば、この五つの課題を解決するために、場をつくり、デザインし、仲間をつくることが、生活の最重要課題になります。食器、家具、音楽といったものを自らの手でつくってもいいし、3Dプリンターでつくってもいい。AIでデザインしてロボットにつくらせることもできるはずです。いろいろな材料や方法を組み合わせれば、とんでもない発想で何かを創造することができるかもしれません。

そういう頭の働かせ方が、生きる意味や喜びをつくっていく。商売になってもならなくても、それをいかに他者とシェアするかが新たな価値を生む。そういう時代がくるとすれば、それがユートピアだとぼくは思います。

未来をディストピアにしないために

一方で、格差が増大している今の状況をこのまま放置していけば、前述したディストピアになる可能性も大いにあります。ほんの少数の人間が富を握り、身体的にも精神的にも優位に立ち、残りの人間は家畜同然で重労働を強いられ、低質、悪質な環境下に置かれる。そういう世界です。

共感力は、人間同士の信頼関係を構築するために、もしくは高めるために使われてきました。これによって社会の力は高まったのです。しかし、共感力の爆発は暴力も生み出しました。特に集団間の暴力は、今、集団の結束力を高めるために使われています。敵をつくり出すことで結束力は強まる。それが、幸福につながるという誤解が生じています。

どこかで制度を改善しないといけない。その際には、**平等な社会というコンセプトだけではなく、「人間は一人一人違う」を前提とした個性と多様性を尊**

重するコンセプトも取り入れていかないといけません。身体的、あるいは文化的な背景が違う人々が集まって平等な権利を行使できる社会づくりをすべきです。

世界に再びグローバルな動きが広がったときに重要になるのは、人と人とを結びつける接着剤をどうつくるかでしょう。宗教も今は接着剤にならなくなりました。接着剤が失われたために、言い方を換えれば、科学技術が人と人をつなぐ接着剤の役割を果たすどころか、バラバラにしてしまう方向に進んだために、一国主義が台頭しているのです。別の仕掛けをつくる必要があるのに、まだぼくたちはそれを手に入れていません。頭の中にさえ描けていないのかもしれません。早急にそれを考え出す必要があります。

0と1の間を認める世界に

今、日本でも欧米でも、西洋哲学と近代科学を唯一のよりどころとして文明を推し進めてきたことを反省しようという動きが強まっています。早急に新たな発想を取り入れていかないと地球は崩壊してしまう、と。西洋哲学は、主体性をもっているのは人間だけであるというスタンスです。近代科学にとって、環境は人間が管理するものです。環境を変えることで人間に都合のよい世界をつくっていくことが大事であり、技術はそのためにあるという考えです。こうして主体と客体をはっきり分け、自然を管理してきた結果、今日のような大規模な自然破壊が起きました。プラネタリー・バウンダリーという言葉を聞いたことがあるでしょうか。これは、「地球の限界」ともいえるもので、「それを越えなければ人類は将来も発展と繁栄を続けられるが、越えると、急激な、あるいは取り返しのつかない環境変化が生じる可能性がある」境界のこと。今すでに九つの項目のうち四つが境界を越えたとされています。

こうした中で注目されているのが、東洋哲学の中にある「容中律」（肯定でも否定でもなく、肯定でも否定でもある、とする論理）の概念なのです。これは、0か1、その間を許さない西洋発の概念「排中律」（どのような命題も真か偽のいずれかであるとする論理）の逆を行くもので、わかりやすくいえば、両方の存在を許すことです。日本には、20世紀の前半から、西田幾多郎や和辻《わつじ》哲郎《てつろう》ら、人間と自然を一体化して捉える学者が登場していました。ぼくの大師匠の今西さんも、人間以外の生物にも主体性があり、環境と生物種は相互に影響を与え合って「生活の場」をつくっていると主張していました。

「移民か、移民でないのか」「アメリカに利するものかそうでないか」「敵か味方か」「お前はどっちか」と迫るアメリカのトランプ大統領の発想はまさに排中律です。「どちらでもある」ということが言えれば世界は変わるのに、それができずに、世界は行き詰まりを見せています。だから、それを解決する手段として「容中律」という哲学、科学のあり方が模索されているのでしょう。

今、世界はとことん正解しか求めません。それが分断につながっています。世界は本来、「実は正解がいくつもある」というものに満ちています。たった一つの正解に至らなくても、決定的に不正解に陥らなければ、戦争も起きないし、命も失われません。

考えてみれば、今のデジタル社会も、0か1かという発想でつくられています。その中間も、「どちらも」という考え方も許されません。それも排中律の概念に基づくもので、だからデジタル空間には「間」がありません。「仲間なのか、仲間ではないのか」と迫るSNSの世界がまさにそうでしょう。仲間でありつつ仲間でないという発想がなぜできないのか。**どちらにも属するかもしれないし、どちらにも属さないかもしれないという「間」の発想が世間一般に広がれば、もっといろいろなことが楽になるはずです。**ネットワーク社会の特徴である点と点とのつながりを、弱点ではなく利点として応用すればいいのです。

若者たちが導くユートピアの可能性

科学技術と同じく、ネガティブな方向に使われ始めてしまった「言葉」も、人間は変えることができるのではないかと思っています。むしろ、ぼくたちは言葉の壁を越える技術をもたなくてはいけない。たとえば、今はまだ同時通訳機は、文字に変換されたものを機械が読んでいるだけですが、技術が進歩すれば、ひょっとしたら対話までできるようになるかもしれません。

今は英語の時代といわれていますが、これからどれくらい続くかわかりません。100年前までの日本は漢文の時代だったし、世界ではフランス語、スペイン語の時代もありました。同時通訳機が登場して、英語すら学ぶ必要がなくなる可能性もあります。言語が均質化するのではなく、文化や歴史を背負ったまま言語が通じるグローバル化が進むかもしれません。経済はいち早くグローバル化しましたが、文化の壁を乗り越えることはまだできていません。その境界をうまく溶かして世界を調和させる方策を手に入れることができれば、それが新しい時代を生み出すことになるでしょう。

ぼくたちおとなは、今の自分たちの頭の中にあるものからしか未来を創造できません。今の若者たちは、ぼくたちよりAIを使える頭脳をもっています。人間の頭で考えられること以上のものをつくり出す可能性がある。たとえば、囲碁も、目的をもって新たなアルゴリズムをつくる作業を得意とするAIのほうがうまいですね。「創発」という言葉を聞いたことがありますか？　たとえば、一匹一匹のアリがしていることをそれぞれ見ると、とても単純なことをしているように見えます。しかし、個々の動きが相互に作用することで、立派な巣が出来上がり防衛も子育ても分担できるという、全体では思いもよらない高度な秩序が生まれる。脳についても一つひとつの神経細胞がやっていることは単純な電気刺激の受け渡しですが、脳全体で見れば途方もない知的な活動をしています。そういう現象を「創発」と呼び、生物学、情報科学、社会学などさまざまな分野で引用されていますが、ＡＩを利用した創造を繰り返していけば、どこかで、思いがけない「創発」が起こるかもしれません。

人間の未来は、とんでもない方向に進む可能性もはらんでいるけれど、ユートピアに行き着く可能性も大いにある。ぼくはそう思っています。

あとがき

この本の執筆を終えた頃、新型コロナウイルスが突如として襲来しました。未知のウイルスの出現に、最初はとまどいながらも楽観視していた日本も、4月に入ってから感染者が急増してとうとう緊急事態宣言が発令されました。三つの密（密集、密閉、密接）が重なる条件をなるべく避け、人々が集合するような催しは中止や延期を余儀なくされました。卒業式や入学式を中止にした学校も多いでしょう。授業も情報機器を用いて遠隔授業となり、みんな自宅で受けるようになりました。予想もしなかった事態ですが、これによって、今までぼくたちが当たり前のように用いてきたコミュニケーションが変わりつつあります。

対面コミュニケーションの大切さをぼくは説いてきました。スマホを使って頭だけで友だちとつながるのではなく、面と向かって声で話し、相手の表情や態度をきちんと読んで付き合うことが必要です。相手ときちんと向き合うことは、人間が信頼関係をつくり、それを高めるためにかけがえのない行為だからです。人間の五感は人と会って身体で共感し合うためにつくられているのです。その最も原初的な行為が食事です。時間をかけて人々と食卓を囲み、対面しながらさまざまな話題を交換する。視覚、聴覚、嗅覚、味覚、触覚をみんなで共有して楽しい時間を過ごすことは、信頼という財産をつくることに他ならないのです。

ところが、それは新型コロナウイルスにとっても絶好の機会なのです。細胞をもたないウイルスは自分だけでは存続できません。生物の細胞に入り込んで自分のコピーをつくらせ、細胞を破裂させて拡散します。そのため、ウイルスは生物に寄生して拡散する機会を狙っているのです。新型コロナウイルスは咳やくしゃみによって感染します。それが手についたり、食器や食卓についたりして、他の人に感染していくのです。だから、食卓を囲むのはウイルス感染の機会を増やすことになります。対面して話すことも、息がかかるほど密接すれば感染の危険が増します。そこで、三つの密を避けようという話になり、皆マスクを着用するようになったのです。

でも、すぐにこれまでの生活習慣を変えるわけにはいきません。対面は避けてください、少なくとも2メートル離れて会話しましょう、手で触れ合うのは止めましょう、と言ったって、すぐにその規則通りに暮らすのは難しい。学校にも行けず、自宅にいましょう、と言われて困っている家庭が多いと思います。だって、友だちと顔を合わせられないことは子どもたちにとってとても寂しいことなのですから。それはおとなたちにとっても同様です。野球もサッカーも中止、博物館も美術館も閉館、コンサートにも行けないし、お酒を飲んで楽しくおしゃべりに興じることもできない。これでは身体を共鳴させて生きる喜びを実感できなくなります。人間にとって最もつらい試練のときだと思います。

第5章で述べたように、そもそも人間は独りで時間を使うようにできていません。それぞれが個人で分断されてしまったら、人間がこれまで育ててきた共感力は弱体化します。みんな自分のことしか考えなくなり、連帯感が薄れ、協力して社会をつくっていこうという気力が減退します。そうならないために、ぼくが使うことを控えるように言ってきたスマホなどの通信機器を、これからは賢く用いることが必要になると思います。三つの密を利用して増えようとしているウイルスを、密にならないようにしながらつながりを保つ作戦で迎え撃つのです。会えない友だちと日々の出来事を報告し合う。発見したことや感動したことを伝えて共有する。できれば、映像や写真を使い、声を使って会話をするのが望ましいと思います。新型コロナウイルスの戦略によって人々のつながりが断たれようとしている現在、ぼくたちは科学技術の粋を用いてそれに対抗するべきでしょう。

ただ、この本でも述べたように、スマホに頼り過ぎてはいけません。あくまでスマホは友だちと会えない場合の代替手段に過ぎないことを心得るべきです。だから、言葉を多用して相手を傷つけたり、誤解を招くようなことは控えたほうがいい。深く話し込まずに、近況報告や情報交換を心がけたほうがいい。

そのかわりに、この機会に本をじっくり読みましょう。本というのは、過去の人々が叡智を尽くして言葉を練り、多くの人に向かって書き上げた渾身のメッセージです。著者の大半はすでにもうこの世にはいません。しかし、アルベール・カミュの『ペスト』をはじめとして、疫病が広がったときに当時の人々がどうしたかについて本は教えてくれます。その歴史を知ることによって、ぼくたちはこの災禍を乗り切るための知恵と勇気をもらえるでしょう。本から学んだことや自分が考えたことを文字にしてみるのもいい。それは自分をじっくりと見つめ直す契機になるはずです。友だちと離れて独りになる機会を与えられるなんて、人生の中でそうあるもんじゃない。それを最大限に生かして強くなってほしいと思います。

新型コロナウイルスが去ったとき、世界はこれまでとは違ったものになっているはずです。でも、人間の生物としての本質は変わりません。食事などを通じて仲間と一緒のときを過ごすことは、人間にとって相変わらず最大の幸福につながるはずです。それをどういうふうにデザインするかが、未来の課題です。

そこで、皆さんがどう活躍するか、今から考えておくことはとても大切だと思います。未来の君を頭に描き、未来から今の君に問いかける。そして、君に今できる最善のことを考えてください。そうすれば、未来はきっと君に微笑んでくれるはずです。

執筆協力　佐藤淳子
写真協力　楠本涼　ＡＥＲＡ編集部（朝日新聞出版）
カバーデザイン　フロッグキングスタジオ
企画・編集協力　笠原仁子（株式会社　創造社）

山極寿一《やまぎわ・じゅいち》

1952年、東京都生まれ。霊長類学・人類学者。総合地球環境学研究所所長。前・京都大学総長。京都大学理学部卒、京大大学院理学研究科博士後期課程単位取得退学、理学博士。ゴリラ研究の世界的権威。ルワンダ・カリソケ研究センター客員研究員、日本モンキーセンターのリサーチフェロー、京大霊長類研究所助手、京大大学院理学研究科助教授を経て同教授。2014年10月から20年9月まで京大総長、17年6月から19年6月まで国立大学協会会長、17年10月から20年9月まで日本学術会議会長を兼任。『「サル化」する人間社会』(集英社インターナショナル)、『京大式おもろい勉強法』(朝日新聞出版)、『ゴリラからの警告「人間社会、ここがおかしい」』(毎日新聞出版)など著書多数。

ポプラ新書
184
スマホを捨てたい子どもたち
野生に学ぶ「未知の時代」の生き方
2020年6月8日 第1刷発行
2022年12月12日 第8刷
著者
山極寿一
発行者
千葉 均
発行所
株式会社 ポプラ社
〒102-8519 東京都千代田区麹町 4-2-6
一般書ホームページ www.webasta.jp
ブックデザイン
鈴木成一デザイン室
印刷・製本
図書印刷株式会社

N.D.C.469/194P/18cm ISBN978-4-591-16613-0

P8201184

感染症対人類の世界史

池上彰＋増田ユリヤ

幾度となく繰り返されてきた感染症と人類の戦い。天然痘、ペスト、スペイン風邪、そして、新型コロナウイルス。シルクロードの時代から人と物の行き来がさかんになり、感染症も広がっていった。現代と変わらないような民族対立やデマの蔓延の一方で、人類史に残る発見もあった。感染症の流行が人類に問うてきたことから冷静に向き合う術を学ぶことができる。

秩序なき時代の知性

佐藤 優

佐藤優が今もっとも注目するさまざまな分野のプロフェッショナルたち。古い常識や思想を超え今の時代を摑むには、新しい知性が必要。権力になびかず時代を嘆くこともない、最先端の柔軟な思考は、先の見えない時代を生きるうえでの力強い助けになるはずだ。

ポプラ新書　好評既刊

世界史で読み解く現代ニュース

池上彰＋増田ユリヤ

世界史を知っていれば、現代のニュースが理解できる。現代のニュースからさかのぼれば、世界史が興味深く学べる。第一弾の本書では、中国の海洋進出の野望のルーツを中国の「大航海時代」に求め、中東に現在も影響を与え続けているオスマン帝国からイスラム紛争を読み解いてゆく。

世界史で読み解く現代ニュース〈宗教編〉

池上彰＋増田ユリヤ

宗教が「世界」を動かす時代に、知らねばならないこととは。「イスラム国」（ＩＳ）の背後にあるイスラム教、欧米を理解するのに欠かせないキリスト教、そしてイスラム教、キリスト教と同じ神を信じるユダヤ教。この三つの宗教を世界史の流れの中で学ぶと現代のニュースがより見えてくる。

生きるとは共に未来を語ること　共に希望を語ること

昭和二十二年、ポプラ社は、戦後の荒廃した東京の焼け跡を目のあたりにし、次の世代の日本を創るべき子どもたちが、ポプラ(白楊)の樹のように、まっすぐにすくすくと成長することを願って、児童図書専門出版社として創業いたしました。

創業以来、すでに六十六年の歳月が経ち、何人たりとも予測できない不透明な世界が出現してしまいました。

この未曾有の混迷と閉塞感におおいつくされた日本の現状を鑑みるにつけ、私どもは出版人としていかなる国家像、いかなる日本人像、そしてグローバル化しボーダレス化した世界的状況の裡で、いかなる人類像を創造しなければならないかという、大命題に応えるべく、強靭な志をもち、共に未来を語り共に希望を語りあえる状況を創ることこそ、私どもに課せられた最大の使命だと考えます。

ポプラ社は創業の原点にもどり、人々がすこやかにすくすくと、生きる喜びを感じられる世界を実現させることに希いと祈りをこめて、ここにポプラ新書を創刊するものです。

未来への挑戦!

平成二十五年　九月吉日　　株式会社ポプラ社